씨앗을 찾아서

씨앗을 찾아서

형규 김 학 원 지음

펴내면서

우리의 사회의 정치는 혼란에 빠졌다.
경제는 침체되었다고 하며,
가정은 분산되었으며,
일하는 노동자는 부족하나 실업자 또한 많은 기이한 현상이 나타났다.
단란한 가정을 이루었으며,
그나마 같이 살기라도 하면 다행? 이라는 말이 생겼다.
이로 인하여 인구 감소를 초래하였으며,
도덕은 옛이야기로 변하였다.
경제는 세계 강국으로 발전하였음에도 사회는 서로 헐뜯는 살벌한 사회로 변화되었다.
무엇이 잘못되어 이렇게 사회가 변했을까?
과연 해결책은 없을까?

삶의 기본 단위인 가정이 무너졌기 때문이다. 무너진 가정을 살리려면 부자지간의 정인 효가 있어야 하고, 아래로는 자녀와 소통이 잘되어 사랑을 알아야 한다.

이것을 모르는 이가 어디에 있겠느냐만 바쁜 현대 세상임에도 가정이 왜 필요하고, 어찌해야 하고, 잘못하면 자신에게 무슨 영향이 있는가?

그 대책은 없을까? 이에 대한 실행 과정을 엮어 보았다.

이 가족 관계를 바로 효(孝)라는 것이 연결을 시켜주는 것이다. 효란 아들이 노인을 받드는 것에서 나온 문자이다. 살아서는 잘 공경하는 것이고, 돌아가신 후에는 그의 뜻을 살피고 고마움으로 공경하는 자세를 가지며, 제사를 지내면서 자녀들에게 말이 아닌 행동으로 모범을 보이며 부모에 대한 사랑이라는 가르쳐주는 것이다.

제사의 실천 과정을 어찌하여야 하는가를 제시하여 보았다.
  또한 정부에서는 전 국토가 유원지이고, 축제라고 하지만 막상 자녀들과 함께하면서 놀이 삼아 교육을 하는 끈끈한 교육장이 없기에 효 박물관이라는 것을 제안하였다.
  과학이 발달한 현시대에 신(神)이라는 말과 효라는 단어가 걸맞지 않겠으나 과학의 한계는 우리에게 아직 영원한 삶을 이어주지 못하므로 신에 의지할 수밖에 없다. 또한 보이지 않는 신에 의지함은 보이지 않는 어느 부분에라도 득이 있으리라 믿기 때문이라 생각한다.

  가정을 먼저 잘 살려야 하고, 가정을 살리기 위하여서는 효의 개념이 있어야 하기 때문에 종합적으로 "씨앗을 찾아서"라는 제목을 선택하였다. 그리고 지인들에게 배부를 하였으나 이제 넓은 세상에 내보내기 위해 수정을 보완하였다. 필자의 생각이니 잘못된 것이 있더라도 양해 바라며 이런 사람도 있구나 생각하며 골라서 취하기를 바라며 잘못된 부분이 있다면 조견을 바란다.

 또한 미흡하나마 후손들에게 조금이나마 도움이 있기를 기대한다.

 감사합니다.

펴내면서 | 4

제1장 인간의 관계는 효로부터 시작된다

들어가면서 가정의 중요성 | 15

1. 부모가 없는 자식이 없다 | 18
2. 사물로부터 삶의 지혜를 배운다 | 19
3. 우리 인간은 동식물과 무엇이 다를까 | 28
4. 인간의 정(情)이란? | 30
5. 부모로부터 배우는 지식을 효(孝)로서 보답한다 | 31
6. 제사(祭祀)는 역사를 배우는 기본 개념이다 | 34
7. 배움은 실습을 거치고 생활에 적용한다. (학습(學習)) | 35
8. 지폐의 인물을 보고, 그의 행실을 본받아야 할 것이다 | 41
9. 명륜당의 명(明)은 무엇이며 오륜(五倫)이 무엇인가? | 42
10. 효(孝)는 인간관계의 기본 요소이다 | 47
11. 돈의 행복이라는 사회 | 48
12. 욕심을 자제하고 기쁨을 느껴라 | 52
13. 유럽과 동양은 다르다 | 54

14. 배움과 경험은 다르다 | 55

15. 나가면서 | 58

제2장 가정과 이웃을 사회로 확대 생각하라 | 63
- 화장실을 찾아라 -

제3장 부모의 선물 내 이름 내 얼굴 당당히 사용하자

1. 먼저 남이 나를 알아보지 못할 경우를 보자 | 76

2. 남이 나를 알아준다는 것은 인생을 잘 사는 것이다 | 77

3. 식물을 견주어 살펴보자 | 78

4. 남에게 위해를 가하려면 먼저 자신을 보호한다 | 79

5. 선글라스를 벗어라 | 79

6. 내 이름은 자신의 이미지이다 | 80

7. 자신을 숨기는 제도는 없어져야 한다.(공익신고자 보호법) | 82

8. 나가면서 | 84

※.대한민국의 얼과 혼, 태극기를 바로알자 | 85

제4장 제사의 이모저모

Ⅰ.서론 | 95

Ⅱ. 본론
1. 예의와 법 | 98
2. 생활에 영향을 주었으면서도 보이지 않는다면 신(神)이다 | 102
3. 신의 종류 | 109
4. 제사의 기본 이념 | 111
5. 왕과 신은 동등한 위치이다 | 117
6. 음양(陰陽), 오행(五行) | 118
7. 촛불의 이유 | 123
8. 신은 무엇을 좋아할까? | 123

9. 신과 인간의 소통은 제물이다 | 125

10. 제물을 놓는 방법(진설도)에 대하여 | 132

11. 제사의 절차 | 138

12. 제사를 지내는 태도 | 140

13. 음식에 대한 예의 | 146

14. 제사가 후손이나 일반인에게 미치는 영향 | 151

Ⅲ. 결론 | 156

제5장 효 박물관 건립 제안 설명서

서문

1. 효란 무엇인가? | 161

2. 고전 교육의 목적 알리기 | 167

3. 효의 필요성 저하의 결정적인 원인은 무엇인가? | 168

4. 효가 쇠퇴해진 결과 오늘날의 부작용들은 무엇이 있는가? | 169

5. 효의 탐구 발전확대 | 170

6. 명륜(明倫)이란? | 176

7. 효 박물관의 중요성 | 176

8. 현제 전국 효에 관련된 활동상황을 살펴본다 | 177

9. 효 박물관 건립에 대한 추진방안 | 179

10. 효 박물관 운영 후에 미칠 영향 | 179

11. 효 박물관의 배치 종류 | 180

편집 후기 _ 182

제1장

인간의 관계는 효로부터 시작된다

가정이 이루어지려면
부부가 성립되어야 하고,
자녀를 키워 보면서
자식에 대한 사랑도 배우고,
아이들끼리는 형은 이끌어주고
동생은 따르고 서로 의논하면서
많은 형제끼리 화합을 배우면서
사회를 살아가는 방법을 배우는 것이다.

들어가면서 가정의 중요성

 세상 만물의 생성하고, 자라는 것은 한 씨앗에서 시작하였으며, 그 종자는 주위 환경의 영향을 받아 진화하고 개량이 되어 약한 것은 쇠퇴하고, 강한 것은 계속 발전하고 있다. 이와 같은 이치는 우리 인간이 살아가는 모습에서도 다르지 않아 먹는 것에 만족하여 행복을 느꼈던 것이 고대의 삶이었다.
 그러나 현시대의 흐름은 유통, 과학, 통신, 정보가 발달하면서 세계는 하나가 되었으며, 먹거리 역시 평준화되어가면서 이제 돈이 많으면 행복을 가져다주는 것처럼 변화되었다. 이에 따라 최근 한국은 70년간 세계 빈민국에서 벗어나 경제적으로 잘살게 되었다. 그러나 우리의 사회는 과연 행복한 삶을 이어가고 있는가?
 씨앗이 있으므로 나무가 자랐으며 무성한 나무와 숲을 이루듯이 사회의 혼란은 하나의 잘못된 관념이 눈덩이처럼 커져서 사회는 혼란에 빠졌다고 볼 수가 있겠다.
 이러한 사연들이 옛날에도 반복되었고, 이를 시정하려는 교훈이 있었다. 조선 선비들이 배웠던 4서 3경의 학문 중 대학에서 교훈을 찾을 수가 있다.

고지욕 명명덕어천하자 선치기국
욕치기국자 선제기가 욕제기가자 선수기신
욕수기신자 선정기심 욕정기시심자 선성기의
욕성기의자 선치기지 치지 재격물
古之欲明明德於天下者 / 先治其國
欲治其國者 / 先齊其家 / 欲齊其家者
先修其身 / 欲修其身者 / 先正其心
欲正其心者 / 先誠其意 / 欲誠其意者
先致其知 / 致知 / 在格物

  자기 나라를 잘 다스리고자 했던 사람들은 먼저 자기 고을을 잘 다스렸으며,
  고을을 잘 다스리려면 먼저 자기 집안부터 잘 단속하였으며,
  자기 집안을 잘 단속하고자 했던 사람들은 먼저 자기 몸(몸가짐, 언행)부터 닦았고,
  자기 몸을 닦고자 했던 사람들은 먼저 자신의 마음을 바르게 하였으며,
  자기의 마음을 바르게 하고자 했던 사람들은 먼저 제 생각을 진실되게 가졌고,
  자기 생각을 진실되게 가지고자 했던 사람들은 먼저 자신의 앎

을 극대화 시켰는데, 자신의 앎을 극대화 시키는 방법은 사물의 이치를 연구하는 데에 달려 있다.

 현시대는 각 가정은 붕괴하여 단란한 자녀를 원하고, 나이 많은 자녀가 그나마 부부가 되어 같이 산다는 자체만으로도 가정을 이루었으면 하는 말 못하는 부모들의 벙어리 냉가슴 앓듯 사회는 변하였다. 이로써 국민의 숫자가 줄어들어 소비가 줄어드는 시대를 맞이하게 되었으니 모든 사회의 축소판은 예고된 경제 침체의 결과라 보지 않을 수가 없다.
 그러면 가정이 이루어지려면 우선 부부가 성립되어야 하고, 부부가 이루어지고 자녀를 키워 보면서 자식에 대한 사랑도 배우고, 아이들끼리는 형제로서 형은 이끌어주고 동생은 따르고 서로 의논하면서 많은 형제끼리 화합을 배우면서 사회를 살아가는 방법을 배우는 것이다. 코피가 터지도록 싸우고서도 부모가 옳고 그름을 가리어 서로 양보하고 다시 한 식구(食口)가 되고 함께 살아가는 것을 자연스럽게 배우는 것이다.
 가정이 구성되지 못한 현대인들은 배울 기회가 적다는 것이다. 이로써 남을 배려하는 사랑하는 마음이 부족한 우리의 사회는 고소 고발이 난무한 사회가 되었고, 남이 잘되는 것에 대하여 칭찬에 인색하고, 단 한 개라도 상대의 허점을 잡아 끌어내려야 자신이 승진하려는 풍조가 생겼다. 그로서 힘 안들이고 해결하는 민원이 남발하여 전진을 못 하는 사회가 되었다. 나 위주로 살아가는 나쁜 사람으로 전락하였기 때문이다. 세계 최고의 치안이 형성된 국가의 부작용일까?

과연 해결책은 없을까? 우리는 나만이 아닌 이웃도, 남도 "함께"라는 단어를 강조하여야 할 것이다. 이의 시초는 나로부터 시작하며, 가정을 이룬 후에 뒤로는 부모, 조부모, 조상, 선조, 역사…. 등으로 이어지는 연결 고리인 것이다. 앞으로는 손자, 증손, 후손, 미래로 이어지고, 가정, 마을, 고을, 나라로…. 이어지는 것이다. 이러한 관계가 없는 것은 단절이며, 가정의 몰락은 곧 나라의 존재가 위협되는 것이다. "나 하나쯤이야"라고 생각한다지만 온 국민이 모두 나라고 한다면 국가는 없는 것이다.

이는 나라에 임하는 지도자들이 깊이 새겨야 하는 자세라고 생각한다.

1. 부모가 없는 자식이 없다

모든 생명은 모체가 있으므로 대를 이어간다.

사람은 남자와 여자로 나누고, 동물은 암컷 수컷이라 말하고, 식물은 암술 수술이라 말한다. 동물은 정자와 난자가 만나야 수정이 되어 아이가 탄생하고, 식물은 암술과 수술이 만나야 씨를 만들면서 다시 발아하고 번식을 할 수가 있다. 그러나 암술과 수술을 함께 보유한 식물들은 변화가 없이 연속적으로 고유의 번식을 한다.

한 번에 많은 씨앗을 낳는 식물이나 알을 많이 낳는 물고기들은 주위 환경으로 인하여 생존력이 부족하고, 살아날 확률도 부족하므로 많은 씨를 낳는다. 만약 그렇게 많이 낳지 않는다면 그의 종속은 이어질 수가 없었을 것이다. 암컷과 수컷이 구별되어 있다면 어느 수컷과 교배를 하느냐에 따라 더 좋은 과일이나 동물을 탄생할 것이다. 이러한 교배의 변종들은 점점 더 많은 종류를 만들었으며 이를 사람들은 속이라 이름 붙이고, 과로 이름을 붙였다.

줄기나 뿌리에서 번식하는 식물도 있지만, 그 역시 모체가 있으므로 번식을 할 수가 있다. 생명이 있다면 그 근원이 있는 것이다.

이러한 이치는 사람도 예외가 될 수가 없다. 이러한 삶은 모두 공통된 이치이며, 사람은 동식물이 무슨 먹이가 필요한지 알고, 그 먹이를 담보로 길들이고, 사육하고 그들을 사람의 먹이로 삼고 있다.

2. 사물로부터 삶의 지혜를 배운다

동식물과의 삶은 사람과 같다. 인간은 특별한 존재라고는 하지만 식물과 동물과 무엇이 다르다고 할 것인가? 모든 생명이 살아가는 과정은 모두 같다고 할 것이다. 사는 모습이 같고, 죽는 모습이 같고, 그들도 땅과 햇빛이 필요하고, 그들도 물이 필요하다. 그들도 자신들을 보호하기 위하여 피부를 가지고 있으며, 눈이나 감각 기관을 가지고 있는 등 많은 기본적인 요소들이 같다고 할 것이다.

그들도 서로 어울리며 서로 같은 종족끼리 서로 소통하고 무리를 지어 사는 모습들도 같은 이치이다. 단지 그들과 인간이 소통하지 못하여 그들의 세계를 잘 모르기 때문에 무자비하게 우리는 그들을 잡아먹고, 우리들의 양식으로 살아가고 있다.

우리 인간의 살아가는 모습은 동식물에 비교하면 대체로 긴 기간이다. 이를 보면서 어찌 살아야 할 것인가를 짧은 생을 사는 동식물을 사는 모습을 비교하면서 우리의 사는 지표로 삼으며 지혜를 얻는다.

이러한 생각을 믿고, 그 이치를 삶의 방법에 적용해 따르는 자들을 우리는 깨달음을 알았다고 평가를 한다고 할 것이다. 그것을 철학이라 할 것이다. 옛 선비들이 제일 먼저 배워야 하는 "대학"이라는 학문이었으며 전체의 줄거리를 집약하면 3 강령 8조 목이라 하는데 그 내용은 다음과 같다.

대학지도 재명명덕 재친민　재지어지선
격물치지 성의정심 수신제가 치국천평하
大學之道　在明明德　在親民　　在止於至善
格物致知　誠意正心　修身齊家　治國天平下 이다.

배운다는 것은(대학지도) 사랑을 배우고, 좋은 점을 실천함에 있으며(재명명덕), 국민이나 이웃과 친하게 지내려 함은(재친민) 선한 마음이 지속되어야 이루어 질 수 있다. (재지어지선)

식물이나 동물을 키우고, 물체를 보면서(격물) 그것이 잘되고 못됨의 알아(치지), 그 사물들이 잘되는 이치를 내 것으로 받아들여(성의) 자신의 마음을 바로잡아(정심) 우리의 생활과 견주어 좋은 이치는 취하고 나쁜 점은 버려서 자신의 몸가짐을 바르게 하는 것이다. (수신)

이러한 마음으로 내 가정을 이끌고(제가) 가정을 잘 이끈 방법으로 마을을 이끌고(치국) 마을을 잘 이끌은 지도자는 다시 나라를 다스릴 수가 있는 것이다. (천평하)

서양의 철학자 플라톤은 아카데미아"라는 세계 최초의 학교를 세웠는데, 그 정문에 다음과 같은 현수막을 걸었다고 한다. "기하를 모르는 자는 들어오지 말아라."이다. 동식물의 커가고 죽는 이유는 사람의 생활과 같고(=), 동물들이 서로 싸우는 모습은 버리고(-), 서로 사이좋게 지내는 것은 더하고(+), 부족한 부분들은 서로 나누고(÷), 좋은 점은 곱(x)하는 것이다.

참다운 삶을 이어가려는 철학을 하려면 욕심을 버려야 하는데, 불교에서는 욕심을 버리는 단계를 심우도(尋牛圖)를 통하여 사찰 벽화로 표현을 하였다. 소를 마음으로 표현하였으며 욕심이 가득한 누런소가 흰소로 변하는 과정이다. (별도로 사진과 함께 52페이지에 설명하였다.)

철학을 아는 자는 마음이 평안하고, 되도록 욕심을 버리고, 모

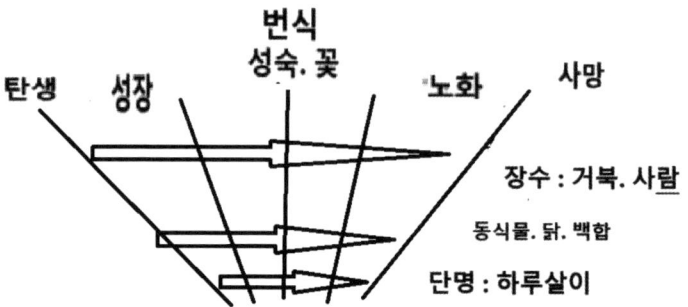

그림 1 성장의 과정을 비교하였다. 이들도 햇빛, 물, 땅 등의 혜택을 받으며, 영향이 넘치거나 부족하면 고충 또한 같다고 볼 것이다. 황혼기는 번식기이며 식물은 꽃을 피우는 시기이므로 사람의 대부분이 꽃을 좋아하는 이유일 것이다.

든 생명과 더불어 살아감을 즐겁게 생각하는 것이다. 한 개의 사물을 본다면 큰지 작은지 평가하지 못한다. 다른 것과 비교를 하기 때문에 길고 짧다는 것을 알게 된다. 이와 같이 일반인들은 사람과 사람, 같은 종류를 보면서 비교하지만, 철학자들은 동식물과 사람을 놓고 비교 적용하고, 나아가 생명이 없는 사물에까지 형식적인 면과 공간적, 시간적, 사회적, 우주적, 수사학적으로도 비교한다. 인간은 생활하면서 수많은 사물과 접하게 된다. 주위의 모든 사물과 자기 삶을 얼마나 비교하고 자기 삶의 지표로 삼아 실천에 옮기느냐에 따라 철학의 정도를 가늠한다고 볼 수가 있겠다. 이로써 결혼할 시기를 알고, 죽음을 대비하기도 하고, 일이 잘될 것인지, 어려운 고비가 다가올 것을 예견하는 등 수 많은 사연 예고하는 것이다. 이를 단체로 비교한다면 국가의 체계가 안전한 체

개를 갖추었는지를 제도로도 확대하여 해석하면 그 이치가 맞을 것이다. 지나는 자동차나 기차의 바퀴가 한 방향으로 굴러야 앞에서 이끄는 기관차가 힘이 안 들고, 정치나 단체나 가정에서도 의견이 다르면, 리더가 무슨 일을 하기가 어렵다는 것을 감지한다.

다리가 몇 개인가를 도형의 꼭짓점을 보면서 서있는 안전한 "의자의" 상태를 생각하여보자.

1. 1 자는 세웠을 경우 쓰러지기가 쉽다. 그러므로 2쪽으로 나누는 단체는 승패의 균열이 잘 간다.
2. 삼각형은 안정감이 있으나 한 귀가 없으면 쓰러질 수밖에 없다.
3. 사각형은 안정감은 있으나 어느 한쪽이 없어진다면 기우뚱거릴 수가 있다. 기우뚱거린다는 것은 서로 싸움을 하는 것이라 생각을 할 수가 있다. 짝 수이기 때문이다.

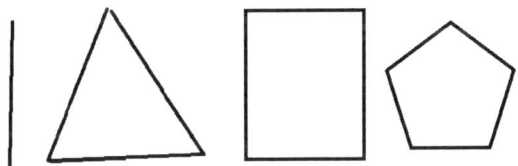

4. 오각형은 더욱 안정감이 있어서 한 귀가 없어도 넘어질 염려가 없다. 다수결로 결정하여도 이의가 없다.

더욱 많은 다리가 있으면 좋겠지만 균형 맞추기가 어렵듯이 여러 사람의 의견을 일치하기가 어렵다는 것이다.

이를 미루어 볼 때 대부분 5개를 이루고 있으며 이것을 오상이라고도 말을 한다. 꽃잎. 손 발가락. 하늘에서 떨어지는 눈. 별의 모양. 소금사막의 결정, 주상절리의 바위 모양…. 등 자연의 원리라고 할 수가 있다. 의자에 다리가 몇 개 있느냐에 따라 안전감을 주는 것과 같이 정치도 두 체제인가 3 체제인가 5 체제인지는 균형을 맞추어야 잘 이루어야 할 것이다.

옛날 신라의 진성여왕이 자신의 처신을 잘못하면서 나라에 대한 반항이 생기고, 반항을 이기려고 강력한 정책을 사용하려고 하였고, 반대하는 무리는 반란이고, 이어서 독립이고, 이어서 다른 나라를 세우고, 이어서 본 나라를 뒤집는 것이다. 그러므로 3권 분리나 5권 분리는 안전한 의자의 다리를 보고 배우는 격물치지이다.

현대에 많이 사용하는 자동차를 두고도 배우는 이치는 같다고 할 것이다. 자동차의 엔진 오일을 주기적으로 바꾸어주어야 함은 알고 있다. 설령 바꾸어 주지 않는다거나 보충을 시켜주지 않는다면 이윽고 돌지 못하고 자동차는 고장이 나서 멈추게 된다. 이러한 이치를 알면서도 인간들은 오일교환은 신경 쓰지 않고 기름만 넣으면 간다고 할 것인가? 이러한 모습을 보면서 자동차도 늙었으니 망가질 때가 되었다고 할 것인가? 경제가 향상되고, 과학이 발전되고 의학이 발전되어 인간의 수명이 연장하였지만, 인간의 인성인 도덕은 곤두박질쳐져 있으니 싸움하는 것이 일상이 된 것이 아니던가? 이것은 경제와 도덕의 균형이 무너지고, 육신과 영혼인 두뇌의 균형이 깨진 상태라고 아니 할 수가 없다.

경제가 발전되고 과학이 발전하고, 인간의 수명이 연장하였다. 이렇게 의술이 발전하여 고령의 사회로 접어들어 육체는 연장시켰다. 그러나 인간의 정신은 육체와 함께 전진하여야 하나 정신수양은 퇴보의 길을 가지 않는가? 서로 경쟁으로 이겨야만 하는 현 세상은 서로 어울려 함께 행복을 누리는 정서는 어찌할 것인가? 정신 수양하던 교회, 사찰, 향교 등은 모두 고령화되었으며 역사 인식은 희박하다.

개미가 가랑잎에 올라 흘러가는 물에 낮은 곳으로 떠내려가는 모습을 보면서 인간을 개미와 같이 세월 따라 죽음의 길로 가는 모습과 견줄 수가 있을 것이다. 낮은 곳으로 물의 흐름에 따라 유유히 흘러간다면 어렵지 않을 것을 안 내려가려면 얼마나 어렵겠는가? 즉 발전하는 AI, 정보 시대에서 컴퓨터를 못 하고, 인터넷을 못 하고, 핸드폰으로 전화만 할 수 있다면 카톡과 같은 정보교환은 어찌 할 것인가? 옛날과 같이 편지로 오가는 시대도 아니라면 시대에 뒤떨어지니 흘러가는 세월에 안 내려가려는 모습이 아니던가? 그러하면 현 사회는 사회생활이 얼마나 어렵겠는가? 이것이 현 노인들이 처한 환경이라 아니 할 수가 없다. 그러하니 노인들도 기본적인 생활의 정보는 알아야 함을 알아야 할 것이다.

이러한 모습들은 격물치지라고 할 수도 있다.
이러한 이치들을 생각건대 사람이나 동식물과 사물과 같음을 본다면 인간도 자연 일부임을 감지하게 되고, 자신도 다시 자연으로 돌아감을 감지한다. 이로써 철학자들은 언제든지 죽음을 맞이할 자세가 되어 있기에 욕심에 몰두하지 않고, 한순간이라도 자신이 살아 있음에 감사하며, 조그마한 일에도 감사를 느끼고, 보람을 느끼고, 남보다 더 행복감을 느끼려는 태도라고 볼 수가 있겠다.

 벽을 사이에 두고 이쪽은 이생(生)이라고 하여 이승이라 하고, 죽어 혼이 사는 세상의 저쪽은 저 생(生)이라 하여 저승이라 하겠다. 저쪽으로 갔던 사람이 되돌아온 사람은 아무도 없다. 저승에는 분명하게 살기 좋다는 것을 확신한다면, 서로 먼저 가려고 노력을 할 것이다. 저쪽에 가서 필요한 돈이나 먹을 것이 풍부하게 있다는 것을 확신한다면 다시 돌아올 수가 없음을 망각하면서도 벽을 파괴하고라도 가지러 갈 것이다. 그리고 먼저 가려고 노력을 할 것이다. 설령 저 벽 뒤에 시한 폭약이 똑딱거리고 있음을 확신한다면 빨리 그곳으로부터 멀리 도망을 갈 것이다.
 저 벽 뒤를 알지 못하기 때문에 우리는 망설이고 있으며, 알려고 노력한다.
 재벌가가 돈을 많이 벌었다고 한다면 무한히 행복을 느껴야 할 것이고, 못살았던 사람이 잘살게 되었다면 무한히 행복함을 느껴야 할 것이다. 그러나 계속 더 잘 사는 사람과 비교하게 되어 욕심을 가지게 되기 때문이다. 사람이 갑자기 마음이 변하면 "죽을 때가 되었나 마음이 변했다." 말하기도 하는 것은 위를 바라보지 못하고 미래가 없음을 감지하고 모든 욕심이 없어졌기 때문이다.

기성세대들은 일제 시기를 거치고 6·25동란을 거치면서 세계 최하위 빈민국에서 선국을 도약하는 데 많은 노력을 하여 왔다. 그리고 달성하였다. 그러하다면 행복이 넘쳐 매일 축제하여도 무방하리라. 그러나 우리의 현 상황은 어떠한가? 서로 시기하고 남이 잘되는 꼴을 보지 못하여 조그마한 잘못도 고발을 일삼고, 비방을 하면서 칭찬에 인색한 사회가 되었으니, 이것이 피땀 흘려 노력한 대가일까?

자신이 자신의 행동을 평가하기가 어렵다. 이는 거울을 쳐다보며 자기 모습을 평가하듯이 타 사물을 보고, 자신과 비교하는 이치이다. 그리하여 철학자들과 일반인들의 차이는 죽음을 맞이하는 단계에서부터 생각이 달라진다. 일반인들은 안타까워할 것이고, 철학자들은 모든 동식물이 그러하듯이 나도 갈 것이기에 죽음을 기꺼이 맞아 주는 그것으로 생각한다.

이 글을 쓰는 것은 필자도 여물지 않은 미친 사람이기에 마구잡이로 자판을 두들기고 있다. 아무것도 아닌 세상에 태어나 일시 잘 놀다 간다고 한 사람도 있다. 갈 때는 텅 공간이어서 아무것도 아니기에 ○이라고 하였다.

나 자신이 윗분들의 것을 배우고, 그것이 자신에게 도움이 되었기에 자신도 후세에게 하나의 흔적을 남기어 조금이라도 보탬이 될까 하는 마음에 자판을 두들긴다. 쥐꼬리만큼도 모르는 이가 잘 아는 체 남에게 의사를 표한다는 것은 필자도 조금 아는 것 같기에 흔들리는 마음일 것이다. 갓 이삭이 패어 하늘을 바라보며, 다른 이삭들은 어떠한가를 쳐다보며, 바람에 일렁이고, 익은 곡식은 고개를 숙이고, 무게가 있는 물체는 흔들림이 적음과 같이 건방진 이야기들이다.

3. 우리 인간은 동식물과 무엇이 다를까?

 인간은 표현이 다양하므로 발전하면서 우위를 차지하였을 뿐이다. 인간의 기관을 살펴본다면, 눈, 귀, 입, 다리, 코, 피부, 입술, 목, 혀, 목젖, 생식기, 항문, 머리, 치아, 손, 손가락, 발, 발가락, 발톱, 손톱, 등 중요한 부분들을 감싸는 털, 내부적으로는 허파, 심장, 위, 폐, 등 무수한 기능을 가지고 있다. 생명이 몇 가지의 기능을 가지느냐에 따라 기능이 다양하고, 표현이 많아 우월하다고, 할 수가 있다.
 단계를 살펴보면 다양한 표현력이 있다. 단계를 넘어 집단마다 글이라는 암호를 사용하였고, 도구를 쇠로 만들고, 또한 전 세계가 공유하면서 이제 어느 동물도 따라올 수 없는 전자를 사용하여 모든 생명의 통솔권을 거머쥔 것으로 인식하고 있다.
 이러한 기능을 모두 가지고 있는 원숭이와 비슷한 동물도 있다. 동물은 자신의 오물로써 영역표시를 하기도하고, 울음소리로 영역임을 표출한다. 동물도 감정이 있어서 자신들을 해치려는 모습을 알면 적을 해치는 벌과 같은 존재도 있는 것으로 보아 그들에게도 감정이 있다고 볼 수가 있다. 개, 말, 등 애완동물들도 자신을 사랑하는 것을 알고 있듯이 감정이 있음을 알 수가 있다. 연어는 자신이 태어난 곳을 몇천 리를 떠나 살다가도 고향에 돌아와 산란한다고 한다. 그 연어는 우리가 모르는 그들의 무슨 방법이 있으리라 짐작을 부정할 수도 없다. 또한 기러기나 철새 역시 그들의 무슨 방법이 있으리라. 우리는 그들과 소통이 안 되므로 알 수가 없을 따름이다.

우리 인간은 언어와 글을 통하여 감정을 다양화하였으며 동물과 비교하지 못할 정도로 감정이 풍부하여서 왕좌를 차지하였다고 할 것이다. 이제 컴퓨터를 알게 되었고, 컴퓨터는 AI라는 인공지능을 낳았다. 그러나 태양과 지구의 자전 등은 알 수가 없고 인간이 조정할 수도 없는 수수께끼들이며 이러한 일들은 무수히 많다. 그러므로 신은 영구하다고 할 것이다.

몇 년 전 바둑을 AI와 인간이 대결하였고 사람이 패배하였다.

미래는 인공지능이 인간을 앞선다고 예측한다. 인간을 앞선 AI는 미래의 사회생활이 어찌 변할지 예측하기 어렵게 되었다. 그러니 인간이 만든 AI가 인간을 이기는 미래가 된다니 말이 생긴다. AI가 스스로 기계를 만든다면 인간은 생존할 수가 있는가?

이것으로 본다면 인간은 물체와 동식물이 느끼지 못하는 정이 있음을 말 할 수가 있겠다.

4. 인간의 정(情)이란?

 인간은 감정을 글로서도 전달하므로 더욱 깊이 연속성을 유지할 수가 있다. 느끼는 감(感)자를 빼면 정(情)이라는 한마디가 사랑을 뜻하기도 한다.
 반려동물은 인간과 어느 정도 소통을 하므로 학대하여서는 안 된다는 주장도 펴는 이들이 많다. 인간은 소통이 잘되는 개를 현대말로 반려견이라 하고, 나아가 고양이, 등을 합쳐서 반려동물이라고 칭하고 있다. 동식물과 인간이 소통이 잘된다면 그들을 어찌 불쌍하여 잡아먹을 수가 있는가? 식물은 아프다는 표정이 없으므로 당연하게 식용으로 사용하여야 할 것인가? 물고기가 잡히면 눈으로 표정을 못 하므로 버둥거리는 것으로 싫다는 표현을 한다. 이렇게 인간과 소통이 잘 안되는 식물이나 동물들은 마구 잡아먹어도 되는가? 인간 역시 동물과 식물을 상대로 서로 잡아먹어야 산다는 강육약식(强肉弱食)의 자연의 법칙을 생각한다면 우리 인간은 그들과 무엇인가 다른 점이 있는가?
 동식물도 우리의 인간도 대 자연 속에서 그들이 있어야 우리도 살수가 있음을 함께라는 말이 유용하다. 우리 인간에게는 자연 모두가 함께 공존하여야 함에도 인간에게 해를 끼친다는 이유로 식물과 곤충들을 현대과학의 제초제, 살충제의 극약으로 처벌하려 하지만, "미생물이나 곤충들도 인간의 과학을 피해 계속 살아가야 하기에 계속 변칙적으로 진화할 수밖에 없다." 그의 여파로 인간도 함께 이름 모르는 병들이 계속 생겨나는 것이 아니던가? 이 모두가 인간의 욕심이 비롯된 결과라고 단정 아니 할 수가 없다.

5. 부모로부터 배우는 지식을 효(孝)로써 보답한다

　모든 동물도 자식을 살리기 위하여 자신의 몸을 버리는 조건 없는 사랑을 하고 있다. 그러나 인간은 효도라는 정이 한 단계 더 있다. 동물들의 단계를 살펴보면 동물들은 아비를 모르고 어미는 알고 있다. 모유를 먹으면서 어미에 대한 개념이 생긴다. 한 단계 더 나아가 본다면 동물은 어미로부터 얻어먹을 젖이 나오지 않는다면 새끼로 흩어진다는 것이다. 현 우리의 세상이 부모로부터 얻을 재산이 없다고 효를 게을리한다면 동물과 무엇이 다르다 할 것인가? 우리의 인간도 처음에는 어미가 죽으면 들판에 버렸지만, 동물이 시신을 먹는 것을 보고, 효의 개념이 생겨서 돌을 덮는 것을 시작으로 탑이 생기고 산소가 생겼다는 것이다.
　그 한 단계를 지나 인간은 어려운 고초를 겪을 때 어미는 어떻게 대처하였을까 생각하고, 어미와 같은 행동을 하면서 어려운 처지를 헤쳐 나갈 수가 있다는 것이다. 이는 어미를 보고 따라서 행동하는 것은 본보기이며 어미의 행동은 매우 중요하다고 생각할 것이다. 글이 있으므로 현재 있는 어미를 벗어나도 대대로 이어지는 방법을 알 수가 있었다. 이로써 어미를 중요하게 생각하였다. 한 단계씩 더 깊이 생각하여 본다면, 함께 돌봐준 아비를, 할아버지를, 나아가 조상, 선조, 선비, 성인, 조물주까지 이르게 되는 것이다. 조상들은 이러한 것을 기록하였고, 기록을 통하여 장단점을 거르고 우리는 발전과 발전을 거듭하였다.

그러나 이제 발전은 선생(先生)이라는 부모들의 경험보다 컴퓨터를 통하여 정보를 얻는 지식이 선점을 차지하면서 급변하는 시대를 따라가지 못하는 세대 차이는 격차가 너무나 많다. 이러한 격차는 부모의 필요성이 없어졌으며, 이는 귀여운 자식은 기초를 어미한테 배운 후 과학의 힘인 컴퓨터를 자유롭게 조절할 수가 있으니 부모의 필요성은 저하 되었다. 빠른 정보로서 남보다 먼저 알고 선점하는 자는 승패의 갈림길이 되었다.

지하철이나 대중교통을 이용하는 분들을 보면 90%는 핸드폰을 바라보고 있다. 누가 정보를 먼저 선점하는지 매우 중요한 시대이다. 이러한 시대를 못 따라가는 기성세대는 뒤처질 수밖에 없다.

먼저 태어난 선생이란 단어는 먼저 배운 사람으로 변하였고, 이제는 먼저 정보를 알고 이를 먼저 실천에 옮기는 사람으로 바뀌었다.

이는 남의 말은 믿을 수 없게 되었으며, 자신만이 믿을 수 있게 변화가 되었다. 이러하니 부모는 선생이 아니라 나를 낳아준 사람이고, 나를 낳았으니 나를 도와줄 의무가 있으리라 생각할 수도 있겠다.

자신이 부모의 은덕을 모르는데, 자식에 대한 사랑은 알게 되는가? 자식의 정은 복종만을 추구하는 반려동물이 차지하고 있다. 이로써 모든 자식으로 이어지는 기본 개념이 무너지면서 인구는 줄고 경제가 안 돌아가고 있다. 이러한 자손 번창의 기본인 가정이 무너지고, 이어서 효가 무너지면서 혼탁한 사회가 되어 가고 있다고 필자는 판단하였다. 어찌하면 동물과 다른 정이 오가면서 더 좋은 사회가 될까를 고민하면서 조금만이라도 도움이 될까 생각하고 자판을 두드린다.

부모로부터 겪은 경험이 자식에게 또는 가까운 사람에게 일깨워주었다. 이것은 인간이 글이라는 부호를 만들어 많은 사람이 공유하고, 대대로 이어 나가서 다시는 실패가 없도록 인도하는 자세가 특별하다 하겠다. 이것을 우리는 역사라고 하고 하며, 지난 과거를 배우니 우리는 모두 과거의 경험을 배우는 것이다. 하나의 실패는 실패로 보지 않고, 그것을 반성하고, 개선하여 좋은 대책을 세우는 것이 발전하는 기본자세이다. 그러므로 반성하는 자세가 없다는 것은 같은 실패를 연속할 수뿐이 없다. 그러므로 역사를 모르는 자는 발전할 수가 없다.

자신이 실패하여서 잘못을 저질렀다면, 사과하고, 개선하면 된다. 그러나 자신의 주장을 내세우게 되면, 야단을 맞고, 또는 매를 맞고, 나아가 싸움하고, 나아가 전쟁하는 이유가 모두 소통의 부재이다. 반성이 부족한 원인이라고 단정한다. 이러한 교훈은 역사에도 많은 문서로서 이어져 왔다. 그것을 배우지 않고, 자신이 생각하는 것이 정답이라고 생각하는 고지식한 것은 항상 대립의 근본적인 씨앗이다. 필자도 이러한 이치가 맞을 것이라고 글을 쓰지만, 이해를 못 하는 타인에게는 불씨의 대상인 것이다. 그러나 글을 이해하고 긍정적으로 받아들여 개선의 의지는 각자의 태도에 달려있다. 수많은 책이 있고 공부하는 것은 곧 자신의 발전이요 그것을 보고 자신의 태도를 반성하여 좋은 점이 있다면 내 것으로 만들어 개선함은 자신의 수양(修養)이라 하겠다.

6. 제사(祭祀)는 역사를 배우는 기본 개념이다

  이러한 역사의 기본은 효로부터 이어졌고, 효의 씨앗(깨달음의 시초로 인간과 동식물과 같은 삶의 이치로 보기 때문에 생기는 단어)은 어미로부터 시작된 것이기 때문이다. 그러므로 경험 많은 어미를 따라가고, 항상 어미를 생각하는 자세는 어미의 경험을 내가 겪지 않은 경험을 그대로 이어받는 자세로서 나의 발전이기 때문에 그 어미 아비, 조상, 나아가 모든 신에 고마움을 표하고, 숭상하고, 반성하는 마음으로 제사를 지내는 것이다. 그러므로 옛 학문을 배우는 곳이면 반듯이 제사를 지내는 공간이 있었으며, 실천의 시작이 정성을 들인 제사이고 역사의 존중이다. 그러므로 제사라는 것은 기독교, 불교, 유교 토속신 등의 모두 행하는 것이며 그 형식과 행위가 다르므로 분파되었을 뿐이다.

  현재 우리가 사는 세상은 자신의 의지로 핸드폰의 지식에 의지하여 살아가고 있으므로 부모에 대한 효는 옛날 사람들이라고 하는 이가 많아진다. 이에 따라 자식의 필요성 개념도 낮아지고 인구가 줄어드는 현상까지 다가왔다. 이는 자신이 빠른 정보로서 부모에 의지하는 마음이 없어지고, 부모보다 우월하다는 헛된 감각이기 때문이다. 아무리 지식을 깊이 많이 배웠다는 학자라고 할지라도 경험하지 않은 지식은 그림에 불과할 것이다. 뜨겁고, 아프고, 고달픈 여러 가지를 경험을 통하지 않고, 어찌 그의 심정을 남에게 바르게 전달할 수가 있단 말인가? 정성 어린 제사를 통하여 선조를 생각하고 역사를 존중하며 그 시대와 현실을 비교하고, 반성하여 바른 태도를 할 수 있음은 제사의 기본취지이며 압축된 생활의 연습이라고 할 것이다.

자신이 어른에게 공경함은 어린 자식에게 본보기이며 이를 보는 자식은 그들의 부모인 자신에게 그 영향이 미치게 되기 때문이다.

7. 배움은 실습을 거치고 생활에 적용한다 (학습學習)

옛 왕들의 정치는 덕으로 다스렸다.

강한 법으로 국민을 통제하면, 그 법을 피하고자 생활한다. 나라의 법이 수 천 개가 있어 서로 엉키니 이를 판결하는 사람이 우위를 차지한다. 법은 사람이 만들고, 만드는 국회도 국민이 뽑는다. 국민들 또한 정보를 통하여 배운 편중된 먼저 올린 지식을 배웠으니 자신의 주장이 옳다고 나쁜 사람으로 변하여 가고 있다.

 옛 왕들도 정치를 하려면 무엇을 어찌하여야 할 것인가를 매일 경연을 통하여 토론하면서 소통하였다. 국민도 지원금을 주기 위해 일정한 교육을 의무화하였다. 그러나 현 정치 지도자들은 일정한 교육을 받고 있으며 모범이 되고 있는지 의심이 든다.

 "보도를 통하여 본다면 정치인들도 서로 소통하지 못하고 자기 주장을 내 세우면서 입씨름을 한다. 최후는 다수당의 의견이 법으로 통과한다. 토론하는 과정을 보면 과연 나라를 이끌어가는 정치인의 지도자가 맞나 하고 의심이 아니 갈 수가 없다. 모두 말은 잘 하지만 남의 말을 안 듣는 것은 모두 같다. 자신의 의견이 안 맞으면, 자리를 벗어나기도 하고, 회의에 단체로 불참하기도 하는 것이 바른 정치이고 바른 태도이고 나라에 모범이 되는 사람들인가?

 정치에 참여한다고 수많은 특혜는 모든 국민이 알고 있다. 그러나 그들이 그의 의무를 다하지 못한다면, 그의 특혜와 수당도 받자 말아야 마땅하지 않은가?

 대통령이 잘못하면 국회에서 소환하고, 국회가 잘못하면 국민이 소환하여야 형평성이 맞지 않을까? 회사의 사장도 내 마음대로 봉급을 챙기지 않는데 국회는 마음대로 가져갈 수가 있다는 말인가? 그러나 법을 만드는 그들이 과연 자신들에게 불리한 법을 만들지 않을 것이다.

 정치인들이 당선되면 먼저 소통하는 법을 배워야 할 것이다. 이는 옛 임금이나 사찰의 부처님을 통하여 알 수가 있다. 옛 임금들의 화상을 보면 모두 귀가 크다. 남의 말을 잘 경청하라는 뜻이다. 부처님의 귀를 보면 이보다 더욱 크다. 성인의 성(聖)자를 글자를 쓰려면 귀이(耳)자는 크게 쓰고, 입 구(口)자는 조그마하게 쓰는 이치이다. 말을 잘하는 정치인보다 국민의 소리를 듣고 정치를 하는 것이다.

그러면 선생 중의 선생은 과연 누가 어떠한 분이 있었는가를 살펴보자.

옛 지도자들의 자세

세계의 성인이라면 지역에 따라 비슷한 시기에 석가, 공자, 예수, 소크라테스를 선정한다. 그중에 동양인으로서는 공자가 있었다. 그는 옛것을 배우고 깨달아 성인이 되신 분이다. 이분도 옛 성인을 모델로 삼아 공부하였다. 그도 살았던 시대보다 1000년 전의 선구자인 요왕, 순왕, 우왕, 문왕, 무왕, 주공의 생활 모습을 배웠다. 공자가 있고 난 뒤부터는 공자보다 더 나은 선생은 없다고 판단하여 이분을 상위에 올리고 그분의 뜻을 따르고자 노력한 것이다. 그러므로 이분의 모습을 보고 배우려고 한 것이다. 아국(我國 한반도에서 이어 나온 나라들의 신라, 고려, 조선의 이름을 통칭하여 이르는 말)에서는 공부하는 학당에는 성인과 성현들을 배향(配享)하고 있다. 공자를 시작으로 그의 학통을 이어받은 위인들과 그 제자 77인과 송나라 선생 6현과 아국의 18명이 있었다. 이들을 배향하며 제사를 지낸다는 것은 그들의 뜻을 이어받기 위한 열망이라고 하겠다. 그러나 현시대의 학생이나 정치인들이 모델로 삼는 위인은 없으며, 고작해야 현충원을 찾아 선인(先人)에게 예를 갖추는 것이 전부가 아니겠는가?

다음은 옛 정치인들은 무엇을 배웠는가를 살펴보자.

4서(논어(論語), 대학(大學), 중용(中庸), 맹자(孟子))와 5경(서경(書經), 시경(詩經). 역경(易經), 예기(禮記), 춘추(春秋))을 배웠으며, 기본적인 육예(六藝,예(禮), 악(樂),사(射), 어(御), 서(書), 수(數))를 배웠다.

공자의 제자 중에는 이것을 완전하게 배웠던 77명이 있었다고 한다. 그러면 육례를 살펴보자.

첫째로 예(禮)는 바로 이웃과 함께 살아가는 방법인 예를 갖추어야 할 덕(德)을 말한다.

둘째로 악(樂)은 서로 조화를 맞추며 남과 잘 어울려 산다는 것을 말한다. 공자는 거문고를 치는 것을 보고 삼 개월을 입맛을 잃었다고 한다. 높고 낮은음과 길고 짧은 음과, 날카롭고 무딘 음과 조화를 맞추면서 시를 읊으니 그 조화는 음악이 아니던가?

세 번째로 사(射)는 활을 쏘는 것으로 짐승을 잡는 것에 치중을 하지 않고 중앙의 위치를 포착하는 것이다. 무리를 이끌려면 앞서 가고 뒤에서 오는 중간을 알고, 잘사는 사람과 못사는 사람의 중간을 알고, 좌측과 우측 중간을 알고, 현세에 잘하는 자와 못하는 자와의 중앙을 알고, 법을 만들어 시행함에서도 강도를 맞추어 정당하게 시행하는 것을 배우는 것이다.

네 번째로 어(御)는 말을 타는 것으로 말과 혼연일체가 되어야 잘 달릴 수가 있으니 신하들이나 국민과 호흡을 같이 한다는 뜻이다.

 다섯 번째로 서(書)는 말 그대로 통치자가 신하나 국민에게 정확하게 의사를 전달하여 일체감을 갖출 수 있도록 배우는 항목이다.

 여섯 번째로 수(數)는 말 그대로 수를 헤아리는 것으로 개체 수와 윗 아래 순서를 아는 것이다. 이것 또한 장유유서(長幼有序)로서 윗분을 존경하는 취지도 포함되어야 할 것이다.

 이 여섯 가지를 순차에 의하여 배워야 하나, 현 우리들의 세상은 제일 나중에 배우는 항목의 수를 제일 첫 번의 순서로 배우는 것을 인식화 되었으며, 사회는 서로 우위를 차지하려고 몸부림치고 있다. 선생(先生)이란 먼저 태어나 먼저 생활의 지혜를 알고 일깨워주는 역할이나 현 세상은 빠른 정보를 통하여 모두 선생이고 어른이고 다 잘 났으니, 누가 선생인가를 두고 서로 갈등을 빚는 세대가 아니던가? 부모가 먼저 배우고 알면서 큰소리치고, 자녀에게 훈계하고, 가르쳐주어야 하나 자녀에게 교육을 받아야 하는 시대이다가 보니 이것이 본래의 부모의 역할이던가?

 배우지 않고, 인생을 산다는 자체도 어렵거니와 배워도 활용하지 못하는 것도 문제이다. 현대는 누구나 책이나 컴퓨터로 인하여 정보를 얻는다. 그러나 인터넷 정보를 올리는 것도 사람이 하는 것이다. 그 종류를 나눈다면 모든 경험을 통한 자신의 실수나 성공을 자신의 판단으로 생각하고 올리기 때문에 오류가 있을 수가 있다. 즉 정답이 아닐 수가 있다는 뜻이다. 또한 옛 학문의 한문을 해석하는 데에도 오류가 있을 수가 있겠다. 또한 옛 학문을 쓴 현인들도 자신이 옳다고 하였거늘 당시의 주위에 있는 일반인들은 미친 사람이라고 홀대하였다. 그러므로 옛 현인들이나 학자들도 그가 죽어서 약 100년이 지난 후 그가 현명한 판단이라고 인정을 받았다. 그분들이 바로 전국 각 향교나 성균관이나 서원에 모신 분들이며, 현대인들이 위패를 모시고 제사를 지내며 그들의 뜻 배우려는 태도이다.

 그러나 모르는 상태에서 경험을 통하고, 실패를 거듭한 후에 배움을 통하여 잘못된 이유를 알았다면 더 정확한 배움이 아니었는가 생각도 해 본다. 또한 열심히 공부하고 난 후 경험이란 실습을 통하여 알았다면 구설수가 없는 학자일 것이다. 그러므로 고대나 지금이나 학습(學習)하라고 말을 한다. 배우기만 하고 실천하지 않으면 안 배운 것과 같기 때문이다. 그러므로 공자의 대표적인 말에 학이시습지불역열호(學而時習之不亦說乎)…, 하였으며, 선비들은 자신의 몸을 가지런히 하고 난 후 남을 다스린 수기치인(修己治人)을 앞세웠다.

 옛 학문은 돈을 버는 학문이 아니라 인간이 사이좋게 생활하는 방법을 공부하였다. 공부를 하는 것도 누구의 학문을 배울 것인가? 공부를 잘하려면 공부 잘하는 사람을 따라가고, 수영을 잘하려면 수영을 잘하는 사람을 따라야 할 것이다. 또한 장군이 되려면 장군의 뒤를 따라다니며 배워야 할 것이다. 종교의 성인들이나 성현들을 섬긴다는 것은 혼란한 사회를 정화하기 위한 제시를 하였으니 이웃과 함께 살아가는 방법을 이끌었던 분들이다. 종교는 그 들의 뒤를 따르려고 하는 태도이다. 이것은 그들의 뜻을 배우고 그를 믿겠다는 의지로 그 신에게 예를 갖추는 제사를 지내는 것이다.

그러므로 학당이 있으면 그 안에 제사의 공간이 있는 것이다. 또한 각 종교에서도 설교, 설법과 아울러 제사와 기도를 하는 것이다. 가정에서는 제사를 통하여 부모와 조상에 대한 중요성을 일깨워주는 효孝의 정신이라 하겠다.

8. 지폐의 인물을 보고, 그의 행실을 본받아야 할 것이다

일반적으로 우리는 돈을 사용한다. 우리는 화폐의 인물들을 보고, 그들의 뜻을 이어받으려고 노력하여야 할 것이다.

우리 한국에서 본 받아야 할 사람은 이순신 장군, 이황 선생, 세종대왕, 신사임당, 이이, 선생들의 삶은 우리에게 본받아야 할 분들이다. 이분들의 공통점은 가정을 중요시하였고, 또한 효를 중요하게 여겼다.

그중에 1,000원의 지폐는 이황 선생, 성균관 명륜당의 건물, 또한 공부를 가르쳤던 도산서원이 그려져 있다. 그의 일생은 우리에게 검소와 사람의 본심을 일깨우기에 모든 국민이 본받아야 할 현인이시다. 명륜당이란 옛 학교 건물이다. 명明이라는 것은 밝은 것을 뜻한다. 이곳에서는 밤과 낮의 자연적인 어둠과 밝음을 뜻하는 것이 아니다. 싸움 안 하고, 어찌하면 사이좋게 조화로운 사회가 이루어질까를 배우는 곳이다.

9. 명륜당의 명明은 무엇이며 륜(倫)이 무엇인가?

명明 자는 해와 달을 합해서 만든 글자이다. 이 명자도 해의 일(日)과 달의 월(月)이 밤낮으로 상대가 되는 것이다. 그러므로 낮이나 밤이나 밝음을 명(明)자로 표기하였다. 이는 인간이 세상사는 방법도 서로 싸우고, 전쟁하면서 얼굴 찡그리면서 사는 것을 어두운 세상이라고 말하고, 이웃과 사이좋게 웃으면서 서로 도우면서 사는 세상을 밝은 세상이라고 말할 것이다.

륜(倫)이라 함은 오륜의 한 글자로 표기하였다고 볼 수가 있겠다. 이것은 사람인(人) 자와 생각할 륜(侖)자가 합한 글자이고, 륜(侖)자는 집(亼)에서 두루마리인 대나무 책(冊)인 죽간(竹簡)을 보는 것을 말한다.

그러므로 밝은 세상을 살려면 어찌하여야 하는가를 집에서 책을 보고 실천하려는 인간의 도리인 오륜(五倫)을 배우는 집이 명륜당(明倫堂)이며, 명륜길이며, 명륜동이다. 오륜은 어른에 대한 공경 즉, 효(孝)가 중심이며, 구체적으로 나누어 본다면 오륜으로 나눌 수가 있다.

그러면 옛 오륜이 무엇인가를 살펴보고, 현대의 삶 속에서 현대와 무엇이 달라졌는가를 살펴보자.

(1) 부자유친(父子有親)
부모와 자식 간에 친함이 있다.
그러나 현대는 부모를 섬기는 것을 배웠는가?
형제들과 우애를 배웠는가?
올바른 행동을 하라고 가르치는 도덕을 가르치는가?
옛사람들은 아무리 코피가 터지도록 싸움을 하였다 하더라도 부모의 훈계로 인하여 정리가 되었으며, 서로 사과하는 모습이 있다. 형제가 없으니 어울리지 못하고, 사랑이라는 말이 무엇인지 알지를 못한다. 부모는 자식을 사랑하고 자식은 부모를 사랑하는 마음이다. 그러나 현대는 뱃속에서부터 생기는 자식을 죽이기도 하며, 부모를 공경한다고 용돈이나 주고, 요양원에 모시는 것이 공경이며, 자식이 자신에게 키운 덕을 알아주지 않는다고 유산(遺産)도 미루는 등 조건부 사랑을 한다. 즉 서양의 문물인 부자지간에도 사랑과 돈으로 바꾸는 거래를 하는 모양이 되었다. 이로써 자식이 자신을 때린다고 부모를 고소하는 기막힌 사연도 비일비재한 것이다. 부모가 그러하거늘 마음에 안 맞으면 남남이 되는 과정을 되풀이하고 고소 고발이 남발하는 사회가 되지 않았던가?

(2) 군신유의(君臣有義)

임금과 신하는 믿음이 있어야 함이다.

어느 단체라도 합의적으로 규칙을 만들고, 단체장을 뽑았으면 그 규칙에 따라 집행한다면 불만은 없을 것이다. 단체장이 사욕(私慾)을 차리고, 자기 말이 정답이라고 믿고 집행한다면, 불만(不滿)이 생기고, 불만이 합의적으로 소통을 못하면 폭동으로 이어지는 것이다. 더욱이 현대의 정보화 시대는 신문이나 인터넷을 통하여 시시각각으로 세밀하게 알 수가 있다. 어른이 모범을 보이는 것은 임금이나 신하나 국민에게는 어른이라 볼 수가 있다. 현대의 대통령이나 국회의원들의 행동을 보면서 어린 학생들은 배우고 있으며 미래의 나라에 일꾼들의 가르침인 것이다. 그러므로 군군 신신 부부 자자 라는 말은 서로 자신의 본분에 충실함을 말한다.

(3) 부부유별(夫婦有別)

부부간에도 할 본분이 따로 있다는 것이다. 이것은 현대의 사람들이 남자는 들에서 일하고 부인은 안에서 일한다고 이해하여 현대에 안 맞는 글이라고도 한다. 그러나 여자는 아이를 낳으면서 몸을 회복하려면 남자에게 의지한 것이 전래 되었다고 한다.

그러나 부부는 함께 평생을 살아가는 가족이고, 동행자일 뿐이다. 옛날에는 여자를 하대(下待)하였으나 시대는 변하였다. 남자와 여자는 생김이 달라 후계를 이어주는 역할이 다를 뿐이지 사회생활은 동등하다고 할 것이다. 그러나 부인을 혹은 남편을 자신의 소유물인 양 자기 말을 들어야 한다는 관념은 갈등(葛藤)을 초래할 뿐이다. 서로 대화로 협의하여 모든 일을 처리할 때 원만하게 추진 될 것이다. 그러므로 가정은 관계의 최소 단위이다. 또한 자녀들을 키우면서 자녀들의 사랑과 남의 자식도 사랑하며 나아가 국민을 사랑하는 것이다. 그러므로 가정을 이루지 못하면서 단체를 이끌어가는 방법을 알기 어려운 것이다.

또한 남편은 아내가 있으므로 다른 여자와 구별을 해야 하고, 부인은 남편을 다른 남자와 구별을 하여야 한다는 것이다. 즉 같이 사는 부부와 남과 구별을 안 한하고 육체적인 사랑을 나눈다면 사회는 혼란에 빠질 것이다.

(4) 장유유서(長幼有序)

어른과 아이와의 차례가 있는 것을 말함이다. 현 사회에서는 적합한 용어가 아닐 수가 있겠으나 이는 나이가 많은 사람이 사회적, 사무적, 음식 섭취, 등에 경험이 더 많아서 부작용을 줄이기 위한 수단이라고 보아야 할 것이다.

예를 들면 누구나 먹을 음식의 기초가 되는 식물을 선택할 때 독의 여부를 가려야 한다. 버섯, 약초, 등이 있으므로 요리 방법은 경험이 중요하고 잘못하면 화를 당할 수 있기 때문이다. 더 나아가 모든 행사에도 순서가 있는 것은 그만큼 경험이 많다는 이유이다. 글로서 공부를 더 많이 배웠다고 무시할 수도 있겠지만 글로 표현 못하는 것이 얼마나 많을까? 뜨거우니 만지지 말라고 한다면 뜨거운 것을 모르는 아이가 어찌할 것인가? 맵고, 무섭고, 수많은 감각은 경험을 통하기 때문이다.

서양의 삶은 대체로 목축업이었고, 그리스의 철학인 상술에 대한 이치였다면, 동양의 삶은 집단 농경사회이었으므로 농사법을 일깨워주는 어른의 경험은 절대적인 삶의 형태였다.

1장의 끝에는 배움과 경험은 다름을 서술하였다.

(5) 붕우유신(朋友有信)

친구와 믿음을 말한다. 친구 간에 믿음이 없다면 만날 이유는 서로 이용하려는 마음일 것이고, 서로 경계하는 형편일 것이며 친구라고 볼 수도 없는 것이다. 믿음이 없음은 남남이고, 의지할 만한 사회인도 없을 것이고, 친구가 없다는 것은 외로운 삶이다.

이 모든 것은 한 건물 안에서 배우는 곳이 명륜당이며, 어른들에게 실천하면서, 일반인들이 따라서 할 수 있기를 유도하려는 곳이 향교의 풍화루(風化樓)이며, 돌아가신 부모에게는 어찌할 것인가를 실습하는 과정을 하는 곳이 있으니 그것은 제사 공간이다. 그리고 가정에 돌아가 실천하는데 온 힘을 다하는 것이다.

이러한 생활 관계를 이어주는 첫 번째의 공간은 가정이며, 부모 형제를 항상 접하면서 사회생활을 배우는 것이다. 이로써 이웃을 사랑하고 나아가 모든 사람을 사랑하여 좋은 사회를 이루어 질 수 있음을 알 수가 있다.

그러나 현 우리의 사회는 잘살아 보자는 취지로 산아제한의 기본정책에 힘입어 이제 고착화되어 버렸다. 단란한 자녀로서 가정을 이루게 되었으니 가정이 파괴되었다.

부모와 형제들이 함께 밥을 먹는 것이 식구(食口)이다. 밥을 먹으면서 소통하며 고충과 기쁨을 함께하는 것이다. 그리고 어려운 일을 해결하려는 것이 식구이다. 현 사회는 한 가정도 따로따로 밥을 먹고, 행사도 적고 부모의 제사에도 바쁘다는 핑계로 모이는 기회가 적으니 식구라는 말은 옛날뿐이던가?

사회의 기본단위인 가정은 효로서 구성을 밀접하게 이룰 수가 있으니, 가정이 파괴되어가고 있으니, 사회가 파괴되는 현상은 당연히 따라오는 이치일 것이다. 부자지간에도 거래하면서 산아제한이 흥행하니 자손을 낳을 것이며 인구는 늘어 날 것인가?

10. 효(孝)는 인간관계의 기본 요소이다

이 모든 것을 통합하여 말한다면, 사회의 최소 단위는 가정이고, 가정이 잘되려면 한마디로 효(孝)이다.

○ 자신이 부모에게 정을 끊는다면 자식은 나에게 정을 이어 줄 것인가?

○ 내가 부모에게 정을 주지 않는데, 나는 자식에게 정을 받을 수 있는가?

○ 부모가 날 낳아 주었고, 내가 가정을 이루고 자식을 낳음으로써 대가 이어지는 것이 아니던가?
○ 자녀들이 2명 이하의 자녀는 부모에게 의지하지만, 3명이상의 자녀들은 형제들이 사회이므로 사회를 스스로 배울 확률이 높다.
○ 제사가 없어진다면 의식은 없어지며, 형식도 없어지고, 조상에 대한 정도 없어지고, 소통할 기회조차 없어지고, 역사가 없어지는 것과 같지 않은가?

자신이 부모에게 할 바는 못하고, 자녀에게 바라는 것은 일반적인 사례라고 볼 수 있다. 부모에게 정보를 얻을 것이 없으니 부모에 대한 애착은 없어지고, 이에 따라 내 자녀도 이와 같음을 생각건대 다자녀를 낳는다는 것은 경제적으로 무리라고 판단하는 사례는 인구 저하로 이어지는 현상이라 하겠다.

11. 돈이 행복이라는 사회

돈이면 행복도 건강도 모두 이룰 수가 있다고 믿기에 돈을 따라가고 있다. 잘못된 이야기는 아니지만, 돈이 많다고 하여 수명을 연장할 수는 있어도 죽음을 면할 수는 없다. 너무 돈에 몰두하다 보면, 욕심이 생기고, 돈을 많이 벌었다고 한들 잠시 행복을 느끼고, 또다시 끝없는 목표를 향해 다시 미친 듯이 살아가기 때문이다. 행복 지수란 행복감을 얼마나 많이 장기간 소유하느냐고 말할 수가 있겠다.
　○ 어느 어린이는 좋아서 항상 웃고 다니고, 어느 어린이는 항상 짜증을 낸다면 부모의 마음은 누가 행복하다고 볼 수가 있겠는가?
　○ 자신은 행복하지만 남이 볼 때는 항상 불만이 가득하다면 행복한 것일까?
　○ 내가 불만이 많다면 옆에 있는 친구는 나를 좋아할까?
　내가 즐거울 때 옆 사람도 좋아지고, 이웃도 즐겁고, 온 세상이 즐거운 것이 아닌가?
　이것으로 미루어 볼 때 행복은 자신이 만들고, 이웃과 함께 나눌 때 행복 지수는 더욱 올라갈 것이다. 이렇게 행복한 세상과 불행한 세상을 구별하기는 어렵겠으나 자신의 마음이 좌우한다고 할 것이다.
　그러므로 그리스 철학자 플라톤이 제시하는 교훈이 있다. 행복하게 사는 밝은 세상과 서로 다툼하며 경쟁하는 세상이 어느 것이 좋은가를 어두운 동굴 속 사람들로 비교하였다.
　동굴에 있는 대부분 사람은 동굴 뒷벽에 돈이라는 사슬로 묶여 있어 움직이지도 고개를 돌리지도 못한다. 그들 뒤에는 큰불이 타오르고 있고, 죄수들은 새의 그림자의 새를 볼 뿐이다. 아무것도 아닌 돈이라는 헛것을 보면서 그것이 진짜라고 인식하며 생활한다. 그들은 평생 그 위치에 묶여 있었다. 사람이 동굴 밖의 훤한 세상을 보고 온 후, 동굴 안에 있는 사람에게 우리는 더 밝은 행복이라는 세상이 있음을 이야기하지만 믿어 줄 사람이 없다.

도리어 그가 미친 사람이라고 말하고, 더욱 고집한다면 동굴 안에서 지위를 가진 지휘자는 사회를 혼란에 빠트린다고 그를 죽일 수도 있겠다.

또 하나의 그림은 동굴 속에서만 살아가는 사람이 밝은 세상을 보고 있는 형상이다.

이러한 교훈은 현 사회의 더 잘살아보자는 경쟁사회에서 모두 경쟁을 하므로 행복을 느낄 기회도 없으며, 자신이 살아가야만 하므로 자신도 경쟁에 휩싸일 수밖에 없음을 말할 수도 있다. 그러나 인생은 남의 것이 아니라 내 것이라는 것을 안다면 내가 나를 만들어가야 하지 않을까?

 사람들은 모두 추억을 가지고 있다. "그래 그때가 좋았었지!" 하며 과거의 좋았던 일을 되살리고자 한다. 그러면 10년 후에도 지금을 생각하고 "그때가 좋았었지!" 라고 할 수 있으려면, 현실에 충실하고, 현실에 만족하며, 행복을 마음껏 느껴야 되지 않겠는가? 이것이 인생을 행복하게 사는 비결이 아니겠는가?

 어느 사람은 남과 어울리지 못하는 불안한 마음을 내가 나를 통제 못하여 술에 의지한다. 술이 긴장을 풀어 주면서 표현을 자제하고 있었던 감정을 표출한다. 좋게 해석한다면 조금 먹으면 일이 술술 풀리지만, 많이 먹으면, 또한 자신의 마음을 통제 못하고 모두 표출 때문에 실수를 하는 것이다. 이 때문에 음주 운전을 통제하는 것이고, 근무 중에 음주를 삼가는 것이 아니던가? 홧김에 먹는 술이 내 마음을 달랜다고 하지만 내 마음을 내가 못 다루면서 남을 어찌 다룰 수가 있다는 말인가?

12. 욕심을 자제하고 기쁨을 느껴라

　욕심은 경제를 살릴 수는 있으나 행복과는 다르다. 조금이라도 성과를 이루었다면 곧 행복이고 기쁨이다.
　남을 통제하려 한다면 우선 자신의 욕심을 자제하고, 나의 몸을 잘 가꾸어야 할 것이다. 불교에서 심우도로 표현하여 욕심을 버리는 수련을 한다고 할 것이다. 다음의 그림들은 사찰 주위에 있으니, 마음을 소로 표현하였다.
　① 욕심에 가득 찬 마음은 자신이 통제를 못하여 방황한다.
　② 자신의 마음이 욕심을 부리기 때문이라는 것을 인식하여 소를 발견하였다.
　③ 욕심을 자제하려 하니 어려우니 소와 줄다리기를 하고 있다.
　④ 마음을 수련하여 욕심을 자제하기 시작하니 누런 소는 흰 소로 변화되어가고 있다.
　⑤ 욕심을 자제하니 편안한 마음이 되었으니, 소의 등에 올라 마음대로 해도 부작용이 없다.
　⑥ 욕심이 없어지니 삶의 의미도 재미도 없으니 텅 공간의 마음뿐이다.
　⑦ 이렇게 하면 부처가 되는 것이랴!.

제1장 인간의 관계는 효로부터 시작된다

다음은 공자의 고향인 중국 곡부의 학당 입구에 그려져 있는 "계탐도(戒貪圖)"이다. 짐승 같은 인간은 배고프지 않으나 하늘에 떠 있는 해까지도 따 먹으려고 한다. 해를 먹으면 죽을 것을 생각하지 못한다. 이 그림을 보면서 항상 욕심을 자제하라는 교훈을 삼았다.

13. 유럽과 동양은 다르다

서구의 "목축사회인" 유럽의 정치는 고대부터 이웃의 나라를 침략하여야 정치의 자금도 얻고 노예를 잡아 와야 노동력도 확보하는 습관이 있었다. 이로써 아프리카, 미 대륙, 인도, 호주, 등 모든 지역을 경쟁적으로 점령하여 노획하여 살게 된 것이라 할 수가 있다. 이에 물든 우리의 현 사회는 모두 경쟁하고 있으며, 이웃과 더

붙어 사는 옛 우리 선조들의 지혜가 절실하다고 할 것이다.

반면 동양의 농경사회는 이와 많이 다르다. 한반도 내의 주민들의 곤란을 처해 있을 때에 서로 도와주면서 살고 있다. 바닷가의 돌을 수건으로 어루만지면서 기름을 닦아 주었고, 지금도 산불로 인한 피해 주민을 위해 모금 운동을 하는 그 실례는 진정 우리 한반도의 고유한 정신이라 하겠다.

"현시대의 배움만으로는 알 수가 없는 것이 너무나 많다. 반드시 경험이나 실습을 통하여야 하는 것이 어떠한 것이 있는가 보자."

14. 배움과 경험은 다르다

실습을 조선 말기 연암 박지원이 남의 코 고는 모습을 구사하였다. 누구나 코 고는 모습을 보았기 때문에 일반적으로 코를 곤다고 표현을 "드르렁드르렁" 한다고 하면 이해하겠지만, 코를 고는 것을 보지 못한 사람이 그것을 어찌 알 수가 있단 말인가?

그러나 연암 박지원의 코 고는 표현은 달랐다.

① 토하는 듯,
② 휘파람 부는 듯,
③ 탄식하는 듯

④ 숨을 내 뱉는 듯

⑤ 불을 피울 때에 바람 부는 듯

⑥ 물이 끓는 듯

⑦ 수레가 엎어지는 듯

⑧ 빈 수레가 엎어지는 듯

⑨ 톱 켜는 듯

⑩ 돼지가 씨 큰 거리는 듯하여 깨우니
   내가 언제 코를 골았단 말인가? 하였다.

● 필자 역시 노인이 되어보니 "기운이 없을 때가 많으니" 작가로서 책임감을 느껴 그 느낌을 표현을 하여 "보았다."

① 골절 치료 후 물리치료를 할 때 전기찜질을 하는 듯

② 벌거벗고 찬 이슬을 맞는 듯

③ 한겨울 새벽에 연병장에 엎드려 얼음물을 등에 한 방울씩 떨어뜨리는 듯

④ 못된 깡패에 쫓기어 간신이 피하여 숨을 고르는 듯

⑤ 불 아궁이에 구운 고구마 꺼내며 얼굴이 화끈거리는 듯

⑥ 의자에 앉아도 곧 쓰러질 듯

⑦ 어느 무서운 귀신이 내 머리를 잡아 장기는 듯

⑧ 양팔 무릎 속에 지렁이가 꿈틀거리는 듯

⑨ 맥박이 곧 멈출 것 같고

⑩ 속이 울렁거려 곧 토할 듯

⑪ 머리를 어느 누가 움켜쥐는가?

● **어찌하면 기운이 날까?**
① 개소주를 내려 먹었더니 좋았었지!
② 한약방에서 보약 지어 먹으니 좋았었지!
③ 병원에서 닝기루 한 대 맞으면 좋더군!
④ 고속 휴게소에서 파는 좋은 영양 보약이 좋더군!
⑤ 옛말에 몸을 보호한다는 개고기가 보신탕이라고 하였던가!
⑥ 진시황이 먹었나? 인삼, 홍삼이 좋다고?
⑦ 노인들이 말하는 100가지 풀을 섞어 푹~ 고아 먹으면 좋다는데!
⑧ 오가피나무, 헛개나무, 몸 보호 나무도 많네!
⑨ 동남아, 중국 여행 가서 유혹되어 보약사니 먹어야 되나?
⑩. 의사 왈 운동을 하라고 하는데 오죽하면 못하나!
⑪ 일반적으로 밥이 보약이라고 하는데,
조금 먹어도 배부르니 어찌할겨!
⑫ 음식점에 가서 맛 나는 것 많이 먹으라고?
⑬ 자녀에게 기운 없다고 하니 "내가 어떻게 해줄까?"
⑭ 돌아가신 장모님 병원에 가서 "기운 없다"하니
젊은 의사 왈 "간호원. 닝기루 하나 넣어드려"
⑮ 건강 책임지고 치료하던 옛 의사들도 다 죽었다.

15. 나가면서

국가가 형성하기 전에 가정이 있고, 가정이 잘 이루어지려면 그 가정에는 반드시 효라는 글자가 형성되어 있다.

효라는 개념이 무너지면서 오륜이 무너지고, 사랑이 무너지니, 사회는 장래가 보이지 않는다.

그러므로 효 박물관을 만들 것을 제시한다.

돌아가신 조상들에게는 제사를 통하여 효를 익히고,

자녀들에게는 함께 놀아주면서 사랑이라는 것을 익혀, 후세에게 행복한 사회가 이룰 수 있기를 기대한다.

--- 노학문(老學門) ---

고인 물은 썩어도 흐르는 물은 썩지 않는 것처럼
노인이 계속 움직이고 운동을 한다는 것은 노화 방지.
모든 기계도 사용하지 않으면 녹슬고 사용을 할 수가 없듯이
끊임없이 운동하는 것은 같은 이치.
두뇌 역시 이와 같아 계속 움직여서 생각하고,
공부를 한다는 것은 움직이며 치매에 예방.
아무것도 안 하면 몸이야 편하겠지만
이생에서 저 생으로 가는 기다림뿐.

언제 올지 모르는 버스(죽음)를 생각 없이 기다린다.
이제나~~
저제나~~
얼마나 지루할까?

공부하며 음악하며
즐기면서 시간 가는 줄 모르고
버스를 기다린다네,
몰라서는 몰라서 몰랐지만!
알아 가기에 모르는 것이 더욱 많아지네!

소크라테스
지혜의 아무것도 모른다는 것을 아는 것.
공자
아는 것을 안다고 하고,
모르는 것을 모른다고 하는 것, 이것이 곧 아는 것이다
(논어 위정편(제2편) 제17장)
늦게 시작한 도둑질
이제야 알 것 같은데!
아~~~~~~~!
달려오는 버스 소리 들리네!
안타까워라!

제2장

가정과 이웃을 사회로 확대 생각하라
- 화장실을 찾아라 -

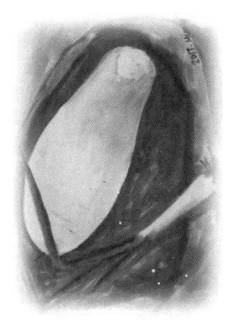

"가족에 형제들이 많아
서로 아껴주고 의지하면서
화합할 수 있음을 알고,
나아가 친구들과 잘 어울릴 수 있는
방법을 알며, 나아가 이웃과
어울릴 수 있는 방법을 배운다.
이것은 옛 학문에 오륜(五倫)중에
붕우유신(朋友有信)이다.

"가족에 형제들이 많아 서로 아껴주고 의지하면서 화합할 수 있음을 알고, 나아가 친구들과 잘 어울릴 수 있는 방법을 알며, 나아가 이웃과 어울릴 수 있는 방법을 배운다. 이것은 옛 학문에 오륜(五倫)중에 붕우유신(朋友有信)이다. 이웃간에 믿음이 있어야 한다는 것이다.

인성을 배우지 않는 현 사회는 남을 의심하게 되면서 온통 나를 상대로 등쳐먹는 사기꾼으로 의심되었으므로 사랑하는 마음이 적어졌으며 믿음이 없다. 서로 남의 돈을 정정당당(?)하게 빼앗으려는 상술에 능숙하게 되었다. 남에게 먼저 덕을 베풀고, 그 고마움을 기반으로 자신이 얻어지는 소득이 진정한 소득이 더 값진 소득이 아닐까? 그러면 남을 배려하고 사랑하는 마음이 적어 졌으니 지금의 현사회가 어찌 변하였는지 살펴보자.

"가정을 이루고, 가족에 형제들이 많아 서로 아껴주고 의지하면서 화합할 수 있음을 알고, 그리고 난 후 친구들과 잘 어울릴 수 있는 방법을 알게 되며, 나아가 이웃과 어울릴 수 있는 방법을 배운다. 이것은 옛 학문에 오륜(五倫)중의 붕우유신(朋友有信)이다. 이웃간에 믿음이 있어야 한다는 것이다.

현시대에 고위 지도자에 오르기 때문에 장관들은 청문회를 통하여 검증받으며 곤욕을 치르기도 한다. 쉽게 이해한다면 덕을 갖추었는가를 점검하는 절차이다. 즉 인륜(人倫)이라고 하는 오륜(五輪)을 말한다.

국회의원이나 대통령은 절차도 없이 국민의 투표에 의하여 선출되고 있다. 왕의 경연이 있었던 것처럼 이들 또한 일정한 교육이 있어야 함은 생각해 볼 문제라고 생각한다.

현 우리 한국의 사회는 남을 의심하게 되면서 온통 나를 상대로 등쳐먹는 사기꾼으로 의심되었으므로 잘한 것은 뒤로하고 단 1%의 허점과 과오를 들춰내는 사회로 변질되어 가고 있다.

남을 사랑하고, 배려하는 마음이 적어졌으며, 친구나 이웃의 믿음이 찾아보기 어렵다.

남에게 먼저 덕을 베풀고, 그 고마움을 기반으로 자신이 얻어지는 소득이 진정한 소득이 더 값진 소득이 아닐까?

그러면 남을 배려하고 사랑하는 마음이 적어졌으니 지금의 현 사회가 어찌 변하였는지 사람이나 동물이 꼭 있어야 할 화장실을 예를 들어 글을 적어 보았다.

내가 있으려면 부모가 있어야 하고, 부모가 있으려면 선조들이 있었다. 이것을 모르는 이가 어디에 있겠느냐만 깊이 생각한다는 자체는 그만큼 인생을 살았고, 이제 머지않아 나 역시 저세상으로 갈 것을 생각한다면 부모가 그립고, 부모가 거쳤던 행실을 따라 하고 부모가 충고하였던 생각들이 새록새록 되새겨진다. 그리고 부모와 같은 길로 갈 뿐이다.

한 때에 내가 태어난 것이 부모의 즐거운 향락의 실수로 태어났다는 생각은 중화민국에서 생각하였던 일들이었다. 자기 삶이 즐겁다면 부모에게 고마움을 느낄 것이고 만약 고된 삶이라면 부모를 원망할 것이다.

남은 세상 어찌 살 것인가를 생각하면서 시내를 거닐 때에 화장실을 가려면, 대부분 큰 건물을 들어가면 해결할 것으로 생각한다. 그러나 어느 화장실이건 굳게 잠겨있다면 얼마나 당황할까? 옆 건물을 가도 마찬가지이다. 모두 약속이나 한 듯이 공공화장실이 아니면 허락을 받지 않고서는 이용할 수가 없으니 이 무슨 일인가? 이러한 방법으로 오가는 시민들을 상대하면서 손님이 올 때를 기다리는가? 무엇인가 잘못 되었으면서도 모두 약속이나 한들이 같은 행동을 한다면 어찌 해결하여야 할까? 그러면서

"손님이 없어!"

"장사가 안돼!"

이러한 습관들이 옳은 생활일까?

노인들의 증상은 육체가 하나하나 노화되어가는 현상이다. 그 증상 중에 남자는 전립선과 여성들은 요실금이라고 한다. 한낮은

고사하고, 한밤중에도 화장실을 여러 번 이용한다는 증상이다. 이러한 현상은 장소와 때를 가리지 않는다. 이러한 증상은 노인들의 사회생활을 위축시키는 원인 중 하나이다.

  물론 상가 주인에게 이용하겠다고 하면 기꺼이 키를 주기는 하지만 지나가는 손님에게 자유롭게 눈치 안 보고 자유롭게 이용할 수 있는 기회를 준다면 좋을 것 같은 생각에 이 글을 써 본다.
  내 손님이 아니더라도 지나는 시민을 위해 조건 없는 개방은 왜 안 할까? 일부 주인은 더럽게 사용한다고 말을 한다. 그러나 내 손님이 사용하여도 더러워질 것이고, 남의 손님이 사용하여도 더러워질 수가 있는 형편이다. 이것은 모든 상점의 주인들이 지나는 시민들에게 배려하는 마음이 부족하다는 생각이 든다.
  이러한 마음은 비록 화장실에 관한 문제만은 아니다. 잠시 주차한다고 하더라도 상가 주인은 독촉하여 치워야 하고, 내 상가 앞에 다른 차에 주차를 못 하게 장애물을 설치하고, 도로 옆에 정해진 주차시설에도 잠시의 주차를 한다 하고도 단돈 얼마라도 지불하여야 하는 하고, 일부 공공 주차시설에는 단 3분이라도 들어왔다가 나간다면 이미 기록하였기에 주차료를 받아야 한다는 이론이다.
  이러한 여러 가지를 본다면 외부 사람들이 시내에 들어가는 것을 꺼리게 된다. 도로 주변에 상가들이 즐비하지만, 주인을 찾지 못하는 상가 또한 셀 수가 없을 정도로 많이 볼 수가 있다. 오가는 사람이 많아야 돈벌이를 위해 장사를 할 것이다. 그러나 오가는 사람들이 불편을 겪는다면, 특별한 이유가 없는 이상 그 주위를 가지 않는 것이 일반적이다. 이러한 사례는 어느 누구에게 하소연하지도 못한다. 주차료를 받거나, 화장실을 잠그는 것에 대한 이의를 제기하는 사람은 그리 많지는 않을 것으로 생각한다.

그러하다면 잘하는 지역은 어떠할까 비교하여 보자. 어느 상점을 조금이라도 이용하였다는 증거만 제시하여도 주차료는 받지 않고, 야간에는 교통에 저해가 되지 않는다면 불법주차를 적용하지 않는다고 한다. 이는 오가는 시민들이나 차량이 자유롭게 활력을 불어넣는 사례가 아닐까?

왜 사람들이 적을까? 철학적으로 숙제를 풀어 보고자 한다. 짐승들의 생활을 보면서 얻을 수 있는 교훈도 있다. 집안에 새가 둥지를 틀어 번식을 원한다면 그 집안이 편안하고 안전하다고 판단하였기 때문에 보금자리를 마련하는 것이다. 옛사람들은 집안에 들어오는 짐승은 잡지를 않았으며, 복덩이라고 생각하였다. 옛날이야기인 흥부와 놀부의 제비 이야기는 무슨 의미가 있는가? 제비가 둥지를 틀면 오물이 바닥에 떨어지지 않도록 받침을 설치하여 주었지 헐어버리거나 잡지를 않았다.

또한 짐승이 골짜기에 보금자리를 만들었다면 그만큼 비바람에 저해를 받지 않고 따뜻한 양지이기에 편안한 곳이다. 이러한 곳에

스님들은 사찰을 짓기도 하였다. 편안한 분위기가 조성될 때에 새나 짐승이나 사람들은 모이게 되는 것이다. 남을 귀찮게 한다면 있는 짐승도 도망을 가고, 새도 도망을 갈 수밖에 없는 이치를 알아야 할 것이다.

식물들도 물과 흙과 기후적인 조건이 맞아야 울창한 숲을 이룰 수가 있다. 식물이 먹을 물이 없고, 추운 날씨와 뿌리내릴 수가 없다면 번식하지를 못한다.

더 확장하여 본다면 번창하고 쇠퇴하였던 도시들을 살펴보면서 그 원인이 무엇인가를 살펴보자. 인구의 이동도 살기 좋고 돈벌이가 되기 때문에 도시로 집중되었고, 이 때문에 서울과 같은 큰 도시가 자연 발생하였다. 세계의 무너진 도시인 캄보디아의 앙코르, 페루의 마추픽추 등의 유적들도 전염병이나 외세의 침략으로 살지 못하는 분위기이었으므로 폐허가 된 것이다.

이집트의 아주 오래된 역사를 자랑하며 여행객의 오고 감은 끝이 없다. 과연 그곳에서는 무엇을 배울까? 수도는 카이로이다. 그리고 신 카이로가 건설되었다. 왜 신 카이로가 생겼을까 알아보면 답은 명확하다고 할 수가 있겠다. 건물에 대한 세금이 있는데 국민의 배려를 생각하여 새로운 건물이라도 창문이 없으면 세금을 면제하여 준단다. 이에 따라 부서진 건물도 세금이 없을 것이다. 정부에서 필요한 토지의 가격이 없으니 부서진 건물이 있다면 돈을 드려서 철거하고 새로이 짖기보다는 새로이 좋은 곳에 보금자리를 마련하는 것이 저렴하지 않겠는가? 그러므로 도심 한복판에도 폭탄을 맞은 듯 부서진 건물은 얼마든지 볼 수가 있다.

이러한 일들에 대하여 고전을 통하여 그 실마리를 풀어 보자.
논어 안연편 제2장과 위령공 제23장에서도 나오는 "기소불욕물시어인(己所不欲勿施於人)"이라는 말은 "내가 싫은 일은 남에게 시키지 말아라."라는 뜻이다. 역으로 말하면 내가 좋으면 남도 좋다는 이야기이다.
역으로 생각하면 내가 좋으면 남도 좋다는 이야기이다.
맹자의 말을 하나 더 인용하여 본다.
공자가 살았던 중국 고대의 춘추 전국시대의 맹자라는 책이 전해지고 있다. 양혜왕에게 맹자가 찾아가니 양혜왕은 "먼 곳에서 오셨으니 저에게 어떠한 이(利)로움을 주시겠습니까?"하였다. 이는 서로 전쟁하던 시대이므로 전쟁에서 이기는 방법이 무엇인가를 물어본 것이다. 맹자는 "하필이면 이(利)를 말씀하십니까? 왕께서 이(利)을 원하신다면 이웃 나라도 이를 추구하기 위하여 이로움 때문에 싸움으로만 이어질 것입니다. 왕께서 사랑으로 이웃을 대한다면 소문이 나서 이웃의 사람들은 사랑을 찾아 왕에게 다가올 것이므로 왕의 나라는 싸움을 하지 않아도 저절로 번창할 것입니다."하였다.

이를 미루어 볼 때 지방이 잘 살기 좋아지려면 시정에 요구만 할 것이 아니고, 어느 단체를 탓하기 전에 일개 개인들의 생각이 달라져야 할 것으로 생각한다. 아주 자그마한 일부터 실천에 옮기는 것이다. 시민들이 편하게 오갈 수 있는 조건이 되고 이와 더불어 인심 좋다고 소문이 난다면, 저절로 사람들이 방문할 것이며, 번창한 도시가 되지 않을까 제의해본다.

 시대의 흐름에 따라 핸드폰의 정보화에 힘입어 남에게 의지하려는 사람도 없어지고, 자신은 다른 사람보다 모든 것을 더 잘 안다고 주장하는 소통이 부족한 시대로 변하여 가고 있다. 이로써 남의 말은 귀담아듣지 않으며, 나의 말에 순종하는 반려동물이 인기를 차지하는 세상이 되었는지 모른다. 그러나 사람이란 사람과 사람이 의지하여 만들어진 인(人)이란 글자이고, 의지하여야만 하는 시대라는 것에 부정할 수는 없다. 내 것만 고집한다면 내 것뿐이고, 모두 각자 생활이 되며, 나만을 생각하는 "나쁜사람"이 된다는 것이다. 서로 사랑하면서 지나는 한 사람이라도 우리 손님이라고 생각한다면 화장실을 잠겨 놓을 것인가? 이웃 가게에 들어간다고 하더라도 우리 손님이라고 생각한다면 차를 빨리 빼라고 독촉할 것인가?
 나보다 남을 챙기고, 남이 좋으면 그 영향을 받아 나에게도 미소가 절로 나올 수 있는 넉넉한 시민 의식이 필요한 것 같다. 편안하고 좋은 풍습이 소문난다면, 저절로 인구가 늘어나고 더욱 살기 좋은 지방이 되지 않을까 생각하여 본다.

제3장

부모의 선물 내 이름 내 얼굴 당당히 사용하자

가정이 이루어지려면
부부가 성립되어야 하고,
자녀를 키워보면서
자식에 대한 사랑도 배우고,
아이들끼리는 형은 이끌어주고
동생은 따르고 서로 의논하면서
많은 형제끼리 화합을 배우면서
사회를 살아가는 방법을 배우는 것이다.

누구나 부모로부터 받은 특별한 선물은 이름과 육체이다.

이것은 옛 사람들이 중요하게 여기는 효를 배우는 첫 단계이다.

그 말은 신체발부수지부모(身體髮膚受之父母)라는 효경(孝敬)에 나와 있다. 나를 좋아하는 사람이 나에게 선물을 준다면 고맙게 받아 귀하게 사용하면 주는 사람이나 받는 사람은 모두 기분이 좋을 것이다. 그러나 선물을 주었으나 보는 앞에서 찢거나 부수어 쓰레기통에 버렸다고 생각하여 보자. 이 얼마나 기분이 나쁘겠는가? 부모가 준 선물을 귀하게 여기는 것은 이에 해당한다.

세상에 태어나면 무의미하게 살아갈 뿐이다. 점차 커가면서 삶의 의미를 생각하게 되고, 자기 삶이 고된 생활인가 행복인가를 느끼게 된다. 자기 삶이 고생이라고 느낀다면 부모를 원망할 것이고, 생활이 즐겁다면 부모에게 고마움을 생각하게 되니 자신의 마음에 달려있다.

나 자신은 태어나고 싶어 태어나지 않았기 때문에, 죽음 역시 내가 죽고 싶어 죽는 것이 아니라는 것이다.

부모가 잘 살게 하려고 애지중지(愛之重之) 키워 왔건만, 자신이 세상을 등지고 자살을 한다는 것은 부모의 뜻을 저버리는 행위라는 것이다. 이것보다 불효가 큰 것은 없다고 하였다. 옛날에는 부모가 돌아가시면 삼년상을 치르면서 부모에 대한 효를 실행하였다. 이것은 자신이 태어나서 3년이 돼야 자신이 생활할 수 있는 기초를 닦아 주었기 때문에 그 뜻을 생각하여 부모님이 돌아가셨다면 저승에 가셔서 잘 계실 수 있도록 3년을 무덤을 지켜 주는 것이다. 부모에 대한 보답을 실현하였던 것이다.

옛 애국자들의 엄마들은 자식이 세상에 태어나 정정당당하게 태어났으며 나라를 위해 명예롭게 죽는다는 것은 승낙하였다.

이 세상에 태어나 누구나 죽음을 면하지는 못한다. 그러하다면 기왕이면 뜻있게 살고, 보람 있게 살고, 재미있게 살고, 남에게 욕먹지 않고, 남에게 선망의 대상이 되는 것이 생(生)의 보람이 아니겠는가? 이것은 부모에게 은혜를 갚는 행실이 아니겠는가?

이러한 생각은 더 나이가 들어 기억력이 상실된다면 이러한 글도 전달하지 못할 것 같기에 점점 급한 마음이 되어 가기도 한다. 언제 사고나, 병이 들어 세상을 등질지 모르기 때문이다. 수족을 못 쓰고 침대에 누워 "이렇게 세상을 떠나는 것이구나!"하고 느낀다면 이미 세월을 다한 것이고, 죽음의 목적지인 바다에 도달할 뿐이다. 이 세상에 조금이나마 이바지한다면 이보다 좋은 이미지는 없을 것이다.

필자도 처음 명리(命理)를 배우고, 성명(姓名)학을 배우기 시작할

무렵 학원(學元)이라는 부모의 선물을 나름 평가해 본적이 있었다. 그 점수는 100점 만점으로 약 30점뿐 이였으므로 나 자신이 3시간 만에 형규(亨奎)라는 호를 짓고 사용하지 않다가 회사의 동료와 같은 처지로서 바꾸어 칭호를 사용하기 시작한 것이 상승 발전되어 현재까지 이루어 진 것이다. 이를 미루어 본다면 이름이란 남이 많이 사용할수록 효력이 발생하는 것이라 말할 수가 있겠다.

그러나 부모가 지어준 학원(學元)의 이름은 작금에 생각하니 쓸모가 없는 것은 결코 아니며, 출세는 못 하더라도 배움의 열기는 식지 않고, 진행 중이니, 얼굴을 보지 못한 아버지이지만 지어준 이름이 얼마나 귀하고 고마운지 한(恨)이 없다. 또한 육체는 얼마나 고맙겠는가? 이 글을 쓰는 것도 나 자신이 효를 실천하는 하나가 아닌가를 자부(自負)한다.

그러나 현시대에 자기 얼굴과 이름을 노출을 거부하는 사람들이 많다. 현 사회에서는 이러한 모습을 보면서 무엇이라 말을 하지도 못한다. 개인 신상 보호라는 명제를 가지고 있으나 과연 무엇이 옳은가에 대하여 논하여 보고자 한다.

이름과 얼굴은 남이 나를 구별하기 위한 것이기에 나의 소유이지만 남이 사용하는 것이고, 만약 자신이 노출을 거부한다 해도 남이 나를 구분하기 위하여 별명(別名)이 주어진다. 구별하지 않는다면 혼란에 빠지기 쉬우므로 임의로 만들어 만물의 이름들이 지어질 수밖에 없다.

상대가 있다면 무조건 주어지는 것이기에 자신이 별명을 거부한다 해도 기필코 자신도 모르는 사이에 생길 수밖에 없다. 그러하다면 기왕이면 예쁜 이름으로 소유하는 것이 좋은지 남이 아무렇게 주어지는 이름이 좋을지 따져보아야 할 문제이다. 이왕이면 자신이 좋은 이름으로 골라서 남에게 나는 누구라고 소개한다면 더욱 좋지 않을까?

자신의 노출을 꺼린다면 보이지 않는 귀신이라고 하여도 무방할 것이다. 현대의 사회생활에서도 남에게 인권 보호라는 명제가 있고 이를 나쁘게 이용하는 사례가 있으므로 이에 이용당하지 않으려는 심리로 거부한다. 그러나 무의식적으로 자신을 숨기는 사례는 얼마든지 찾아볼 수가 있다. 단체의 카톡, 차의 선팅, 검은 안경, 무명 댓글 달기, 무기명 고소, 등으로 노출을 꺼리는 이가 많다. 자신에게 무슨 영향이 있는지 분석하여 보고자 한다.

1. 먼저 남이 나를 알아보지 못할 경우를 보자

인파가 많은 곳에서 갑자기 자신도 모르는 사이에 쓰러지거나 어려운 일을 당하였다고 하자. 도움을 주고도 자신에게 피해를 볼 수가 있기 때문에 용감하거나 구급대원이 아니라면, 사고를 당한 사람이 누구인가에 따라 나의 행동은 많이 달라진다. 모르는 사람이라면 머뭇거릴 수가 있겠고, 피동적으로 대하거나 그대로 지나칠 수도 있을 것이다. 만약 잘 아는 사람이라면 적극적으로 도움을 줄 것이다. 이것은 상대가 누구인가를 알아볼 때와 모를 때의 차이에서 벌어지는 일이다.

  인상이 험상궂게 생겼다면 가까이 갈 수가 있을까?

  포장을 뒤집어쓰고 신음한다면 알 수가 있을까?

  이웃집에 사는 얼굴을 아는 지인이라면 그대로 지나칠 수가 있을까?

  순진한 예쁜 아이라면 그대로 지나칠 수가 있을까?

  쓰러져 있는 사람이 내 자신이라 생각한다면 나는 평소 어찌해야 할 것인가는 알아야 할 것이다.

2. 남이 나를 알아준다는 것은 인생을 잘 사는 것이다

  남이 나를 알아보고 자신이 좋은 일을 많이 한다면 나를 높이 평가할 것이지만, 자신이 부끄러운 행동을 하여 잘못하였다면 숨어 버리는 것이 일반적인 사례이다. 그러면 잘못을 저지르는 사람이라면 노출을 꺼리고, 정정당당한 사람은 노출을 많이 하는 것일까?

  정치에 나서려면 많은 사람이 나를 알아보아야 하고, 나의 이미지가 좋은 신상을 알려야 한다. 자신의 나쁜 점을 노출 시킨다면 뜻을 이루기가 어렵다. 이로써 누구나 훌륭한 사람이 되려고 노력한다. 진하게 화장한다면 자신의 못생긴 얼굴을 포장하기 위한 수단이라고 볼 수가 있겠다.

그러므로 옛 고전 논어 학이편 제3장의 글귀에도 교언영색선의 인(巧言令色鮮矣仁)이라는 교훈이 있다. (교묘하게 말하고 예쁘게 화장하는 사람 중에는 어진 사람이 드물다.)

3. 식물을 견주어 살펴보자

예쁜 꽃에서 향기를 뿜어낸다면 서로 탐을 내어 꽃과 가까이하려고 노력할 것이고, 지저분한 오물에서 악취가 풍긴다면 멀리하려고 할 것이다.

향기를 품어내는 꽃이라면 주위에 곤충들이 모여들 것이고, 곤충이 모이면 그에 따라 각종 새가 올 것이고, 새가 많이 온다면 더불어 짐승들도 많이 모일 것이며, 이를 좋아하는 인간도 모여들 것이니 즉 친구가 많을 것이다. 이는 자신이 살면서 외롭지 않고 사회생활을 잘한다고 평가할 것이다.

못생기고 악취를 품어 내는 오물이 있다면 오물을 좋아하는 곤충들도 있겠지만, 좋은 향기보다 생물이 많을 수는 없다. 옆에 앉으려 해도 다른 곳으로 이동하게 된다. 그러하기에 후자는 이를 숨기고자 포장하여 노출을 자제하는 것이다. 이는 곳 오물이 남에게 노출을 자제하여 남이 모르게 포장하려는 이치이다.

나의 장점은 노출을 시키려 하고, 단점이 많다면 숨기려 하는 마음인데 그러하다면 자신의 이름을 숨기는 자는 허점이 많다고 하는 자기 뜻일까?

4. 남에게 위해를 가하려면 먼저 자신을 보호한다

전쟁터에서 창이나 칼을 소유하고 싸움한다고 생각하여 보자. 자신이 상대를 이길 수만은 없으므로 자신의 피해를 방지하기 위하여 방패를 사용하고, 갑옷이나 방탄복을 입는 원인이다. 자신이 반드시 이길 수가 있다면 방패와 갑옷은 무슨 필요가 있겠는가? 자신이 남에게 나쁜 일을 많이 하고 있다면, 남이 자신에게 보복이 두려워 담장이 높아지고, 두터워지고, 철조망이 쳐지고, 경비가 삼엄하고, 보이지 않게 하려는 보이지 않는 방어막이라 볼 수가 있겠다. 자신이 떳떳하다면 위해를 당할 염려가 없으므로 방어막이 필요 없고, 울타리도 필요하지 않을 것이다.

5. 선글라스를 벗어라

눈을 보호하기 위하여 햇빛이 쨍쨍할 때에는 검은색을 띤 안경을 사용한다. 자기 눈을 보호하기 위한 수단이다. 그러나 현대에는 남에게 노출을 안 시키려고 검은 안경을 사용하기도 한다. 어디 그뿐이랴. 남에게 노출이 안 되려고 이름도 가명을 사용한다. 또한 승용차도 내부를 가리기 위해 짙게 선팅을 한다. 그뿐이랴. 카톡은 서로 소통하기 위한 수단임에도 자기의 얼굴을 숨기고, 가명을 사용하고, 타 물건이나 애완동물의 사진을 올리기도 한다. 이러한 일들이 개인의 신상에 해당하므로 자신을 보호하는 의미라고 할 수가 있다. 그러나 많은 채팅을 하면서도 만남의 장소에서 나를 알아보지 못하는 느낌은 어찌할 것인가? 옆 사람에게 "저 사람은 누구이지요?"하고 물어보고, 내가 누구라고 알아 줄 때를 기다리겠는가?

6. 내 이름은 자신의 이미지이다

이름은 여러 가지가 있다.

태어나기 전에 부모가 부르는 태(胎)명이 있고,

태어나서도 일찍 죽는 경우가 많으므로 부모가 지어주는 아(兒)명이 있었고,

관가에 보고하는 관명이 있었고,

족보에 올리는 이름이 있고,

성인이 되면서 존귀한 분이 지어주는 관(冠)명과 자(字)가 있으며,

또한 자신이 스스로 짓는 호(號)가 있으며,

성현들이 죽으면 남이 불러주는 시(諡)호가 있었다.

① "바둑이"라고 지었다면, 개의 이름이라는 것을 일반적으로 알고 있다. 사람의 이름을 바둑이라고 지었다면 개라고 여길 것이다.

② "번개"라고 지었다면 얼마나 빨리 움직인다면 번개라고 하였을까 남이 인식한다.

③ "바보"라고 하였다면 바보의 행동을 하는 사람일 것이라 느끼게 된다.

④ "별"이라고 한다면 반짝반짝 빛나는 것으로 생각한다.

"똥개"이면 어떻고, "날파리"라고 한다 해도 자신이야 남이 나를 알아보는 도구이지만, 남이 나를 인식하기에 선입감을 주기 때문에 매우 중요한 사항이다. 이름의 자체를 견주어 생각하는 것이 일반적이기 때문이다.

사물의 이름을 그대로 사용하거나, 짐승의 이름을 그대로 사용하는 것은 자제하려 하고 이름의 뜻을 살펴서 잘 지으려 함은 이 때문이다.

그러므로 이름은 부모가 자녀의 장래를 생각하고 어찌 커갈 것을 바라면서 지어주는 것이다. 그러므로 성인들의 이름을 모방하기도 하고, 가능한 좋은 이름을 지으려고 노력하는 것이다.

작물을 키우거나 꽃밭에 꽃을 가꾸어 보자. 식물들도 모두 사람이 이름을 지어 주었다. 이름을 모른다면 잡초라고 한다. 꽃을 피우기 위해 자라나는 싹들을 보면서 모르는 식물은 잡초라고 하면서 뽑아 버린다. 꽃을 피우는 여러 가지의 꽃들의 새싹을 모른다면 잡초로 구분되어 모두 뽑아 버린다. 이름이 있다 하여도 주인이 가꾸지 않는 식물이라면 잡초라고 말한다. 그러하니 무슨 풀인지 알지도 못하고 이름도 모르면 뽑아 버릴 수밖에 없다.

7. 자신을 숨기는 제도는 없어져야 한다(공익신고자 보호법)

  자신의 신분을 숨기면서 관가에 고발하는 제도도 있다. 이것을 "공익신고자의 보호법"이라는 것이다.
  일상생활에서 타인이 부정한 행위를 하였을 때 자신의 신분을 밝히지 않고서도 관가에 고발하는 법이다.
  공무원이 일일이 못 하는 일을 시민이 잘못되었음을 지적하여 주는 사례이다. 대중을 위하여 좋은 취지라고는 하겠으나 이는 행위를 하는 자가 잘못인지 아닌지는 객관적으로 판단하여야 하나 보는 처지에 따라 다르므로 유죄인지 무죄인지는 판단하기 어렵다. 그러나 일단 신고받았다면 신고를 당한 이는 각종 조사를 받아야 하고, 제3의 피해를 보기 때문이다. 신고하는 자는 신고 당하는 이에게 보복을 방지하기 위하여 보호를 신청할 수가 있고, 신고당하는 이가 벌과금을 낸다면 그 금액의 일정한 할당을 보상받기도 하였기 때문에 "카파라치"라는 용어도 생기게 되었다.

예를 든다면 농업에 종사하는 사람들이 가축을 사육하면서 가축 분뇨는 작물을 키우는 거름으로 사용하는 것은 자연의 순환이다. 이로써 식물, 토양의 미생물이 생기고, 미생물을 먹는 작은 생물이 생기며, 이어서 곤충이 생기고, 날짐승도 함께 하며 인간도 함께하는 것이다. 이들이 없다면 인간도 살 수가 없다. 작물을 키우면서 거름을 사용하지 않고, 화학비료로 작물을 키운다면, 농작물 가격은 오르고, 비료로 농토가 산성화되면서 농작물이 산성화되어 이름 모르는 새로운 병들이 생기는 것은 어찌 생각할 것인가? 그 상황에 비가 온다면, 색이 있는 물이 아래로 흐르는 것은 자연의 이치이다. 거름이 아무리 잘 숙성이 되었다고 한들 검은 색깔이 안 나올 수가 없으며, 추출물이 밭에서 아래로 흐르는 것이 당연하나 이를 두둑을 쌓아 아래로 흘려보내지 않는 것이 당연하다고 판결하는 우리나라의 법의 판례는 점점 이상한 나라로 변질되어가고 있다.

이렇게 자신을 숨기며 고발하는 법은 조선 말기 정약용의 선비는 "항(缿)통"(관청에서 백성들의 투서를 받는 통, 즉 현대의 벙어리 저금통)이라고 규정을 짓고 절대로 해서는 안 된다고 목민심서에 기록하여 놓았다. 사소한 죄를 짓지 않으려고, 위축된 생활을 하게 되고, 정당한 행위라 할지라도 머뭇거릴 수가 없으므로 절대로 만들지 말아야 할 것이라고 경계하였다.

서양에서도 죄 지은 자를 광장에 묶어 놓고 누가 벌을 줄 것인가?를 결정하는데 "죄를 짓지 않은 자가 죄인을 벌하라"라고 하니 아무도 벌을 주지 못하였다는 일화도 있다.

8. 나가면서

　현대인들은 카톡으로서 많은 정보를 공유하고, 의사를 교환한다. 마치 옆에 있는 것처럼 즉각 대답한다. 그러나 그 카톡에 자신의 이름을 사용하지 않고 자신만이 아는 별명을 사용하기도 한다.
　남이 어떠한 자세를 취할 것인가는 자신이 판단하여야 할 숙제이다. 사회생활이란 나 혼자가 아니고 함께 살아가는 것이기 때문이다. 자신이 무슨 잘못한 행위를 하였다면 숨어야 할 것이고, 좋은 행위를 하였다면 더욱 노출을 하려 하는 것이 근본이라 하겠다. 이러한 것에 대하여 지적한다면 벌꺽 화를 낼 수가 있으므로 지적할 수 없는 현 사회가 되었다. 이러한 행위에 대하여 과연 어찌하면 더욱 자신에게 좋을 것이지 살펴보았다.
　부모가 준 육체와 이름을 귀하게 생각하고, 좋은 방향으로 잘 사용하다가 다시 제자리로 주는 것이 바로 효(孝)이며 삶의 방법이며 보람이 아니겠는가?
　"육체는 자연으로 돌아갔지만 이름은 영원히 남는 혼이 깃든 얼이다. 일반적으로 제물을 놓고, 지방이나 영정에게 예의를 표하는 것이나, 군대의 행열에 앞세우는 부대의 군기(軍旗)나. 나라를 대표하는 각 나라의 국기(國旗)나, 대한민국을 상징하는 태극기(太極旗)

는 모두 같은 얼굴이다.

각 행사 전에 태극기에 대한 예의를 표하고, 나라에 대한 충성을 말하며, 애국가를 부르고, 애국심의 다짐을 약속하는 것들도 역시 제례(祭禮)의 일종이 아니라고 할 수 없기 때문이다.

※. 대한민국의 얼과 혼, 태극기를 바로알자

① 국기에 대한 경례(예의)

인간이 사회생활을 하면서 자신의 의지대로 이루어지기란 극히 어렵다. 이를 극복하기 위하여 자신보다 힘이 강한 부모, 경찰, 군대, 신(神)에게 의지하려함은 사람의 본성(本性)이다. 그러므로 신에게 제사(祭祀)를 지내고 있다. 자신은 제사를 안 지낸다고 할지 모르지만 우리의 행동들은 교회에서 기도를 하고, 절에서 염원을 하고, 가정에서 조상에게 제사하고, 현충원에서 참배한다. 또한 국기를 앞에 놓고 예의를 갖추고, 경례를 하고 맹세를 하고 애국가를 부르는 것은 모두 같은 신의 의지에 대한 행위이다. 제사를 지낼때에 음식을 놓고, 예물을 단상에 올리고, 축문을 낭독하는 것은 신에게 고마움을 표하고 또한 소망을 축원하는 표현이다. 비슷한 행위는 "우리의 맹세" "불경" "기도문" "애국가" 같은 성격이다. 애국가를 부르면서 우리의 안녕을 신에게 바라고, 모두 나라를 사랑하면서 아끼자는 염원을 다짐하는 것이다.

② 태극기 상징 의미

　단상에 어떠한 형상을 높이 올려놓고, 공경의 자세를 취함은 그 형상이 위패, 영정, 화상, 불상, 상징하는 징표, 태극기, 등은 모두 같은 공경의 대상이라고 볼 수가 있다. 이것은 그 형상은 얼굴이며, 그 상징을 아끼고, 공경하려함은 그 대상의 얼(蘖)이기 때문이다. 태극기의 얼이 무슨 의미를 가지며, 우리는 태극기를 보면서 어떠한 느낌과 어떠한 마음이 울어 나오는 가는 알지를 못하며 나라를 사랑하는 마음이라는 단순하게 생각하는 것이 일반적이라 할 수가 있다. 태극기는 자연 현상의 변화를 표현하였다. 이에 대한 우리의 자세는 역사적으로 표현한 바는 없지만 필자는 그 자연 변화에 따라 역행하지 않고, 편안한 삶을 이어가고자하는 바램을 표현하였다고 해석하며 자연의 순리에 극정적인 자세를 갖고자 함에서 주역(周易)을 그리지 않았나 생각해 본다.

③ 태극기로 보는 자연 변화분석

　〇　　모든 동식물은 하나의 알이나 세포로부터 시작이다. 지구, 나라, 단체, 가정, 개인, 등 하나의 목적에서부터 시작을 한다. 하나에서부터 시작하여 2 3 4 등으로 분열이 되어 또 다른 한 개체를 형상을 만드니 사람, 동물, 등의 형상인 것이다.

　⌒　　이 형상은 원을 음양의 2개로 나누었다. 세상은 분열을 하면서 변화를 변화를 가져온다. 하나의 단세포에서 분열을 하

면서 수많은 세포들이 분열하여 한 동물이나 인간을 형성하였고, 또 인간들은 다시 공동체를 형성하여 복잡한 사회를 형성하였다. 하나의 단세포의 구성원은 공동체를 이루고 항상 리더가 생기고 뒤따르는 후미(後尾)가 생기게 된다.

이러한 것을 옛 고전에는 음양(陰陽)으로 표현을 하였다. 즉 전후(前後), 상하(上下), 앞뒤, 남녀(男女), 밝음과 어두움, 하늘과 땅, 삶과 죽음 등으로 조화를 맞추게 된다. 음양의 어느 것이 먼저라는 것은 정할 수가 없으나 하나의 단체가 이루어지고 발전하기 위하여서는 어쩔 수 없이 의견이 대립되는 현상이다. 잘 조화를 하면 발전을 하고, 조화를 못하면 분열이 되는 것이다. 음을 아래에 있는 바다의 색을 표현하면서 푸른색을 나타내었고 하늘에는 해의 형상을 연상하며 붉게 표현을 하였다.

그러므로 세상 만상이 회전을 한다고 함이 바른 표현이라고 할 수뿐이 없으며, 음양의 구체적인 상징을 물고기로 비유한다.

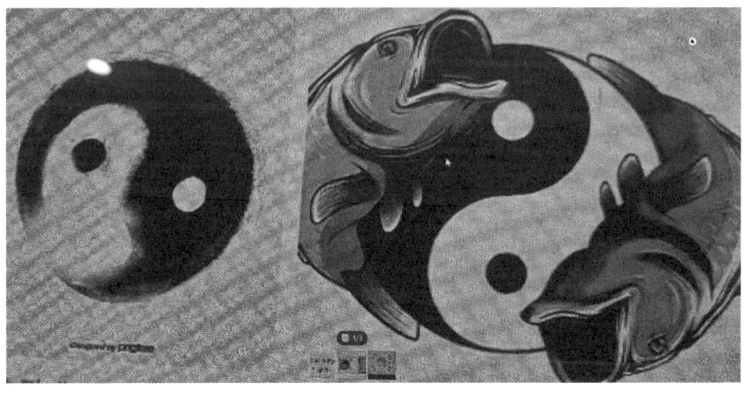

그러나 어느 방향으로 회전을 하는가는 정한바가 없는듯하나 현 우리가 사용하는 태극기의 방향은 역방향을 지향하고 있다. 공자가 말씀하시는 예의도 때와 장소나 형편에 따라 다를 수가 있음을 말해 둔다. 필자는 이 회전 방향에 대하여 세월의 흐름형편에 따라 변화를 가져야 할 것을 논하고자 한다.

　역(易)방향(시계바늘이 돌아가는 반대방향)은 우리의 현 지도의 흐름이다. 한반도의 문물은 중국으로부터 이어져 왔으며, 중국은 세계에서 중심이라고 가운데 중(中)자를 사용한다. 또한 중국에서 서쪽으로 향하여 진출을 하였다. 그러므로 글자를 오른쪽부터 썼으며, 책도 오른쪽부터 시작을 하였으며, 사찰의 교훈의 그림들도 역방향이라고 추측한다. 또한 자동차의 순환도 역시 역방향이다. 그러나 서부의 문물이 동양에 들어오는 시점으로 자연스럽게 정(正)방향(시계바늘이 돌아가는 방향)으로 바뀌었다. 그리고 모든 전시회의 순환 경로도 정방향을 지향하고 있다. 중국에서 시계를 발명하였다면 모두 역방향으로 되었을까?

　이것이 시대의 흐름이 아니던가?

　모든 사물에 형상이 있다면 반드시 어떤 목적이 있듯이 이것이 주역에서 태극기를 표현하는 자연의 순리이며 소망이 아니던가? 음이나 양을 이끄는 부분은 머리이기에 두뇌라는 표현을 사용한다. 항상 머리가 앞서고, 단체의 행렬은 기가 선두를 지키는 원인이다. 나라를 견주어 본다면, 이들은 국회나 대통령의 정치인을 뜻한다. 그러므로 몸은 두뇌(혼)의 감옥이라고 플라톤이나 데카르

트 등의 서양 철학자들은 표현을 하였다.

 옛 학문을 하였던 방법으로는 현제 컴퓨터의 방법을 따라가지 못한다. 이것을 배우지 못하는 신시대와 구시대, 진보와 보수, 여야(與野)의 정치로 갈등(葛藤)을 빚는 현상이 나타나지 않는가 하고 고찰(考察)하여 본다. 항상 음양의 갈등이라는 것은 있어야하나 점진적인 조화로서 화살의 목표인 과녁(중앙)은 변함이 없어야 할 것이다.

 옛 학자들의 학문이 육예(六藝)가 있었으며, 예악사어서수(禮樂射御書數)중 사(射)라는 것은 이를 의미한다. 먼저 상대에게 예를 갖추고, 다음에 음악으로 조화를 이루면서 중심을 잡고, 국민과 일체가 되어, 글을 배우고, 순서를 정하는 것이다. 또한 학문을 한다는 것은 먼저 시(詩)를 통하여 감정이 생기고, 감정을 표현하고자 할 때는 예를 갖추고, 예를 갖추려면 남과 조화를 맞추는 악(樂)으로 삶의 방법을 완성한다고 하였다. 이 학문에 능통한 분들이 공자의 제자 72현(賢)이라 한다. 이것으로 미루어 본다면 국회에서는 의원들간에 예의를 지키지 못하고, 조화를 이루지 못한 상태에서 적당하고 올바른 법을 제정한다는 것은 편중된 중앙의 과녁이 아닐까 생각하여 본다. 배웠으면 때에 맞추어 실행을 하는 것이 학습(學習)이다. "배우기만하고 생각하지 않으면 남는 것이 없고, 생각하면서 배우지 않으면 위태롭다."고 하였던가?

 종합하여 본다면, 시대의 흐름에 따라 우리의 태극기도 "독립군의 진군기"처럼 정방향으로 바뀌어야 할 것이 아닌가 하고 주장하고 싶다.

괘(☰ ☱ ☲ ☳)

하나의 효(爻)는 음(--)효와 양(—)효가 있다. 효의 구성은 천지(天地)사이에 모든 생물이 살아가고 있음이다. 천간과 지간이 만나면 60번을 지나야 같은 글자가 다시 오므로 회갑(回甲)이라고 한다. 이러한 형태로 3효를 종합하면 8가지 8괘(건☰ 태☱ 리☲ 진☳ 손☴ 감☵ 간☶ 곤☷)로 나눌 수가 있고, 6효가 모이면 64가지가 되어 64괘라고 한다. 이러한 것이 주역이다. 자신의 태도나 성질이 강약인가에 따라 인생은 좌우의 선택은 연속이며 천태만상으로 갈라진다. 이러한 이치로 음양을 구별하고 미래의 변화를 예측한다. 그것은 점(占)이라고 한다. 학문이 깊어 이하 생략하기로 한다.

우리는 4가지만 사용하는데 그것은 다음과 같다.

건(乾 ☰): 하늘, 창조, 동쪽, 봄.

곤(坤 ☷): 땅, 수용, 서쪽, 여름.

감(坎 ☵): 물, 지혜, 북쪽, 겨울.

리(離 ☲): 불, 열정, 남쪽, 가을.

제4장
제사의 이모저모

신은 무엇이라고 정의할 것이며,
왜 신이 존재하며,
신을 어떻게 정의를 할 것인지,
과연 미래에는 제사가 없어 질것인지,
어떻게 하는 것인지
성의 없이 제사를 지낸다면
나에게 무슨 영향이 있는지에 대하여
분석하여 본다.

Ⅰ. 서론

　인간이 있는 자리에는 각종 제사가 고대부터 천제(天祭), 기우제(祈雨祭), 기도(祈禱), 조상(祖上)의 제사(祭祀), 산신제(山神祭), 등 수많은 제사는 이어져 왔다. 경제가 좋아지고, 과학이 발달하고, 치안이 잘되어있다면 신에게 의지하려는 경향이 적어진다. 그러므로 시대가 흐름에 따라 점차 없어져 가는 제사는 미래에는 없어질지도 모른다는 추측이 난무한다. 아무것도 보이지 않는 허공에 대하여 행하는 행동은 현대인이 이해하기 어려운 사실이다.

　"컴퓨터나 AI시대임에도 국기(國旗)라는 이미지(얼, 혼)에 대하여 손을 가슴까지 올리면서 예의를 표하고, 애국가를 부르고, 다짐의 맹세를 하며, 손을 들고 맹세를 다짐하는 것은 아직도 인간의 힘이 부족하여 신에게 염원을 바라는 제사와 같은 성격이다. 국기는 나라를 대표하는 상징이기 때문에 법으로도 다음과 같이 명문화

되어 있다.

"**국기국장모독죄** 國旗國章冒瀆罪
형법 제105조(국기, 국장의 모독) [시행 2021. 12. 9.] [법률 제17571호, 2020. 12. 8. 일부개정]
　대한민국을 모욕할 목적으로 국기 또는 국장을 손상, 제거 또는 모욕한 자는 5년 이하의 징역이나 금고, 10년 이하의 자격정지 또는 700만원 이하의 벌금에 처한다. 〈개정 1995. 12. 29.〉

국기국장비방죄 國旗國章誹謗罪
형법 제106조(국기, 국장의 비방) [시행 2021. 12. 9.] [법률 제17571호, 2020. 12. 8. 일부개정]
　전조의 목적으로 국기 또는 국장을 비방한 자는 1년 이하의 징역이나 금고, 5년 이하의 자격정지 또는 200만원 이하의 벌금에 처한다. 〈개정 1995. 12. 29.〉

　그러면 신은 무엇이라고 정의할 것이며,
　왜 신이 존재하며,
　신을 어떻게 정의를 할 것인지,
　과연 미래에는 제사가 없어 질 것인지,
　어떻게 하는 것인지
　성의 없이 제사를 지낸다면 나에게 무슨 영향이 있는지를 분석하여 본다.

 우리의 일상생활에서 제사는 그리스도교에서도 기도를 한다고 하여 제사가 아니라고 할 수도 있다. 그러나 기도(祈禱)라고 하는 글자에 보일 시(示)자가 들어 있다. 시(示)자는 상위에 익히지 않은 고기를 올려놓고, 신에게 보여주는 글자이기 때문에 보일 시이라고 한다. 그러므로 시자가 들어있는 글자는 신이나 제사에 관련된 글자라고 한다. 사찰에서 제사를 지내며, 가정에서도 조상에 대한 기제(忌祭)나 시제(時祭) 고사(告祀)가 있다. 나라에서도 문묘(文廟)제사, 종묘(宗廟), 사직(社稷), 무속인, 시산제, 기우제, 등 무수히 많다.
 필자는 특히 유교의 입장에서 살펴보며 정답이라고 단정 짖지도 아니한다. 이쪽저쪽을 비교하며 바라본다면 그럴 수밖에 없을 것이라고 정의할 뿐이니 이해하여 주기를 바란다. 또한 이글은 방송 통신 대학교 졸업 논문으로 제출한 글이며, 네이버 블로그에 2023년 3월 18일 "제사의 이모저모"올린 바, 2025년 5월 430여 회 이상의 많은 조회 수가 있는바, 대중이 계속 관심이 있음을 알 수가 있다. 이를 약간의 수정 보완을 하였다.

II. 본론

1. 예의와 법

 인간(人間)의 간(間)인란 사람과 사람의 사이를 말하니 곧 관계를 말한다. 관계를 어찌하면 서로 사이좋게 지낼 수가 있을까? 이러한 모든 것을 한마디로 예(禮)라고 표현한다. 상대의 속마음을 어찌 판단하여 오해받지 않도록 표현을 할 것인가?
 중국 춘추전국시대의 공자도 예에 대한 것을 배웠으니 인간이 살은 시점부터 갖추어야할 기본 관계라고 볼 수가 있겠다. 인간이 살아가면서 형편에 따라 다르게 되니 요약적으로 적은 것이 예기(禮記)라는 책이다. 일상생활의 결혼, 상갓집, 손님, 제사, 등이 한자의 원문과 주석으로 총 49권으로 되어있으니 이것을 풀이한 정병섭 교수는 100권이 되었다. 이를 한마디로 어찌 말할 수가 있는가?
 그러므로 공자도 장소와 형편에 따라 답이 달라 질 수 있음을 논어를 통하여 알 수가 있다.
 그래도 요약을 한다면 상대가 오해하고 기분 나빠지지 않게 하려는 방법을 말한다. 모든 관계를 인간관계에서 예를 벗어나면 마음이 상(傷)하고, 상처를 주면 야단맞고, 모자라면 싸우게 되고, 싸움을 심하게 되면 상대를 죽일 수도 있고, 나라끼리라면 전쟁까지

유발하게 된다.

  일상생활을 하면서 예의에 벗어나면서 타인에게 경제적인 손해를 입히거나, 육체적인 고통을 주거나, 명예가 실추되는 행동을 가하였다면 응당한 형벌로서 대가를 받는다. 또한 뜻하지 않는 사람에게 위해를 당하면 그에 합당한 처벌을 해주려고 하고 보복하려는 마음이 가득한 것이 일반적인 일이다. 직접적인 손익이 없다고 하여도 사소한 의견 충돌이 생겨서 싸움하기가 쉽고, 인솔자가 있는 경우는 패싸움으로 확대가 되었다. 싸움이 있기 전에 소통이 잘되어 서로 이해하고 분수에 맞는 보상을 한다면 아무 일이 없을 것이다.

  잘 어울리려면 서로 기분 좋은 상태를 유지하여야 하고, 그 좋은 상태를 유지하려면서 좋은 사회가 이루어진다. 생활의 기본적인 예(禮)로서 질서가 있어야 하는데 이것을 주고받는 과정을 크게 두 가지로 형태를 나누어 생각할 수가 있다.

(1) 수동적인 언행(言行) 태도
  자신이 상대에게 기분이 나쁜 언행을 하지 말아야 합니다. 자신의 욕구를 채우기 위해 상대방의 물건, 지위, 명예, 등을 빼앗으려는 것은 상대의 마음이 좋지 않게 만드는 요인이 된다. 이로 말미암아 자신에게 육체적이거나 직·간접적으로 보복을 당할 수가 있고, 아니면 직접적인 말로서 항의(降意)받을 수가 있다.

(2) 피동적인 언행에 대한 태도

 상대가 자신에게 좋지 않은 언행을 당했다면 자기의 행동은 반사적으로 어떠한 방법으로 반사적인 행동을 할 것인가에 생각하게 된다. 손해를 본 만큼 손해의 보복을 입힐 것인가? 아니면 용서해 줄 것인가? 자신이 손해를 입은 이상으로 상대에게 손해가 가도록 조처를 할 것이다.

 상대가 기분 좋도록 대하여야 하는 방법은 한마디로 말하기가 어렵다. 간단하게 말한다면 기분이 나쁘다는 것이다. 그러면 상대에게 사과를 하거나 말로는 필수적이며, 물건을 주거나, 맛있는 음식을 주거나, 기분 좋도록 노래나 춤을 추면서 웃음을 선사할 수도 있겠다. 무엇보다 상대에게 기분이 나쁘지 않게 행동하는 것이 무엇보다 중요하다. 상대는 개인일 수도 있고, 많은 사람이 공감할 수 있는 대중적일 수도 있다. 예의는 지켜야 서로 좋은 사회가 이루어지는 것이다.

 예를 들면 억지로 남에게 물건을 강제로 빼앗기거나 도적질을 당하였을 경우가 있는데 이를 어찌할 것인가에 사회에서 고민하게 되었다. 어린아이 같으면 엄마에게, 부모에게 알려주어서 도움을 청하게 된다. 부모가 해결 못하면 경찰의 힘을 빌리고, 경찰이 해결 못하면 법의 심판을 기다리게 된다.

 이와 같은 절차를 밟기 위하여 시민끼리 함께 모여서 의논하게 되는데 이것이 사회라는 개념인 법이 만들어지고 그에 대한 형벌을 얼마큼 받아야 줄 것인지를 협의하여 만들어 놓았다. 법이란 잘못에 대하여 형벌의 수준을 여러 사람이 모여서 의견을 모아 규칙을 만들었고 나라에서는 법을 만들었다.

　사회생활을 하는 단체는 규모가 크건 작건 수없이 많다. 작게는 두목이고, 크게는 대통령이고, 전 세계의 유엔 사무총장까지 생성이 된다. 그럼 작은 집단인 깡패 그룹의 두목을 생각해 보자. 정정당당하게 힘으로 대결하여 두목을 정해놓고 두목은 규칙을 만들고, 이를 어기면 상응하는 벌을 주고, 합의한 규칙을 따라 힘으로 제압한다. 이를 시행하는 과정에서 글이 없던 시절은 두목의 말이 곧 답이고 법이었다. 그러나 이에 동등하게 맞서는 상대는 규정을 정(定)했느니 안 했느니 말씨름하게 되었다. 그래서 나온 것이 문서로서 적어 확실한 근거를 마련하였다. 이것은 작은 사회단체는 규칙, 정관, 회칙, 등이고 나라에서는 법인데, 법(法) 중에서도 기본적인 헌법이 있고, 이것을 시행하는 과정에 많고 적음에 따라 형벌을 가감하는 법률을 만들어 살아가고 있다.

(3) 경찰, 군사

　처음에는 힘이 강한 자가 두목이 되었으며, 체력으로 잘못한 자에게 처벌을 가하였다. 그러나 힘이 아니고 인성을 중점으로 해서 정한 두목은 힘이 부족하므로 통제하기가 어렵다. 이러할 때는 벌을 가할 수 있는 하수인을 두어 지시에 따라 벌을 가하여 질서를 회복할 수가 있다. 때에 따라서는 힘으로 버티고 벌을 안 받으려고 할 것이기에 서로 돈을 거출하는 세금을 내고, 강한 자를 제압할 수 있는 경찰을 양성하게 되고, 다른 나라의 침략을 막기 위해 군인을 보유하게 되었다. 혹은 잘못을 저지르고 은폐하려는 자가 있지만 경찰은 차후에는 번복되는 잘못이 발생하지 않게 하기 위하여 은폐하려는 자를 철저하게 잡게 된다. 잡고 보니 잘못의 과오가 가볍기도 하고 무거울 수도 있으니 이것을 사회에서 법으로 정(定)하고, 법률에 따라 형벌을 가감을 판단하는 재판이라는 기구를 만들었다. 이곳에서 결정하는 벌은 벌금에서부터 사형에 이르기까지 다양하다.

이와 같은 현상으로 보아 치안이 잘 되어 있는 사회일수록 신의 믿음은 가감이 될 수 있음을 알 수가 있다.

2. 생활에 영향을 주었으면서도 보이지 않는다면 신(神)이다

무엇인가 자신에게 정신적, 신체적으로 영향을 주었으며 보이지 않는다면 신이라고 할 수가 있겠다.

경찰이나 군인이 제압할 수 없는 강한 자이거나 영원히 은폐를 하여 법의 심판에서 벗어나는 사례가 있다면 자신은 어떠한 행동을 하여야 하나? 강한 자의 종류는 보이는 자와 보이지 않는 자로 구분을 할 수가 있다.

(1) 강 한자

잘못이 없어도 두목에게 처벌을 받는다면 자신은 어떠한 자세를 취할 것인가? 도망을 간다거나 단체에서 이탈할 수밖에 방법이 없다. 그러나 이탈도 못하게 당하고만 있다면 어떠하겠는가? 보이면서 강한 두목, 왕, 사나운 짐승 등이 있으나 이들에게는 각종 먹이나 뇌물이나 그에 상응하는 돈을 보상으로 용서를 받을 수도 있다.

또한 거슬린 행동을 하였을 때는 자진 신고하여 용서를 기대하여야 할 것이다. 이에 상응하는 보상을 자진해서 제공하는 것이 두목의 마음을 달래어 벌칙을 낮추려 하는 것은 최선의 대책이다. 이 보상에 대하여서는 두목이 좋아하는 뇌물, 애교, 등의 그 무엇을 파악하여 실행하여야 할 것이다.

(2) 숨는 자

악행위를 하고 모른 척하고 숨어버린다면 잡을 수 없다. 그러면 아무리 강한 두목이라도 처벌을 할 수가 없으니 어떠한 방법을 취할 것인가? 더욱이 악행위를 하는 강자의 두목이 보이지 않고 행위만 있다면 어찌할 것인가?

인생을 살다 보면 잘못도 안 했는데 형벌을 받는 경우가 너무나 많다. 옳고 그름에 대하여 항의하여 본들 힘이 강한 자에게는 순종할 수밖에 없다. 당하는 행동은 이루어지지만 가하는 형상이 보이지 않고 숨어버린다거나, 도망을 가는 인간이 있다. 이들은 잡지 못하는 투명 인간이라고 볼 수가 있다. 보통 인간과 소통이 되지 않는 무자비한 투명 인간은 큰지 작은지도 모르며, 그의 힘은 어마어마하게 세며 인간의 힘으로 감당하기 어렵다.

인간이 처하는 모든 좋고 나쁜 자연 현상들이 있다. 감당할 수 없는 자연의 힘을 가진 해, 땅, 바람, 천둥, 벼락, 비, 지진, 화산, 병균, 미생물, 등이 자신을 해를 끼치고 있다면 어찌해야 할 것인가? 이들을 이길 수가 없고, 이들을 피할 수도 없으니 순종할 수밖에 없다. 그러하니 최대한 잘 보일 수밖에 없다. 선물을 주기도 하고, 노래, 춤, 음악, 등 모든 것을 총동원하여 신의 의지를 최대한 반영할 수밖에 없을 것이다.

자신에게 위해(危害)가 오지 않도록, 혹은 비가 오도록 하는 등 인간이 원하는 바를 들어 주기를 간곡히 원하는 것은 최선의 방법일 것이다.

이것을 신(神)이라고 할 것이다.

(3) 식물이 보는 신

식물 처지에서 보면 동물이 신이다.

식물도 식물끼리는 서로 통한다. 그러나 그 식물은 움직일 수가 없으므로 움직이는 동물이나 인간에게 꺾이고, 뜯겨 먹히면서 피해를 볼 수밖에 없다. 이것을 본다면 식물은 동물이나 인간에게 먹히지 않기를 바랄 뿐이다. 단지 행운을 빌면서 무사하기를 바랄 뿐이다. 곧 식물이 보기에는 동물과 인간이 신에 해당한다고 볼 수가 있겠다. 서로 엉켜서 몰려 자리지 않고, 햇빛을 쫓아가는 습성은 그에게도 선천적인 본능으로 살아간다고 볼 수가 있다. 그러나 꽃밭에 심은 여러 가지의 식물들을 생각하여 보자. 남에게 몸을 기대고 감아가면서 자라는 나팔꽃이 있는가 하면, 내 주위만 지키면서 자라는 백일홍, 봉숭아도 있다. 들판에도 흔히 있는 망초 꽃도 있고, 줄기를 뻗는 바랭이꽃도 있다. 인간은 들판에도 많이 있는 바랭이와 같이 많은 풀은 야초라 하고, 화초밭에서는 주인이 원하지 않는 것은 모두 잡초라고 하면서 어김없이 뽑아 버린다. 무슨 잘못이 있을까? 분명하게 정당한 이름을 소유하고 꽃도 피울 수가 있는데, 잡초라는 별명을 들어가며 뽑혀 나가야 한다는 말인가. 잡초의 처지에서 보는 인간은 신이다. 피하지도 못하고, 당하기만 할 수밖에 없는 처지이기 때문이다.

(4) 벌이 생각하는 신

곤충인 벌이 생각하는 인간은 무엇일까? 숲을 지나가는 과정에 모르는 벌집을 건드렸다면 벌은 떼를 지어 몰려와 사람에게 침을 놓는다. 침을 놓고 그 벌은 죽는다고 한다. 벌이 덤벼든 이유는 자신들의 생활에 위험을 초래하였으며 정당한 방어하기 위한 수단이었다. 이를 당한 인간은 킬러라는 살충제를 가지고 있다.

인간이 생각하는 무시무시한 무기인 핵폭탄이지만 벌들에게 킬라가 핵폭이라 하겠다. 와~ 인간이 무섭기는 하다. 벌은 글자를 갖추지 못하였기 때문에 대대손손 그러한 반복되는 실수를 당하기만 하여야 하였다.

  인간이 신이라고 하여도 그들은 본능에 의하여 방어하려는 것은 어쩔 수가 없다. 죽은 벌들이 글로 남기지도 않았으며 후배들에게 살충제가 어떠한 것인지 알려 주지를 못하고 죽어 갔기 때문이다.

(5) 개는 아주 온순한 동물이다

  처음부터 인간과 같이 살지는 않았을 것이다. 어려서부터 인간이 먹이를 먹여주고 길들이기 시작하여 주인이 아니면 먹이를 얻지 못하기 때문이다. 인간은 개에게 먹이를 주면서 모르는 사람이 오거나 이상한 것을 발견하면 목이 터져야 겁을 주면서 짖어 마치 문지기 역할을 한다. 자신에게 먹이를 주는 주인은 자신의 은인이며, 그가 없으면 먹을 것을 구하기도 어렵다. 먹고 살기 위하여서는 주인에게 순종하여야만 하는 이유이다. 이와 더불어 조금이라도 인간의 말을 이해하고 발음은 바르지 못하지만, 다소의 억양으로 소통할 수 있는 표현하면서 인간의 억양과 표정을 보고 소통이 되는 것이 개와 인간의 관계이다.

  현대에 이르러 인간은 많은 자식을 낳지 않고, 개와 더불어 소통의 외로움을 달래고 있다. 이는 곧 개를 보호하는 이유이다. 개에게 자유를 준다면 그에게도 먹고 싶을 때 먹게 하고, 가고 싶은 곳에 가게하고, 사랑하고 싶을 때 사랑을 할 수 있도록 하여야 하지 않겠는가? 목걸이를 하여 줄에 매달고 있다면 그에게는 속박이며,

자유라고 볼 수가 있겠는가? 개가 보는 인간은 신이며, 순종할 수밖에 없는 처지이다. 아니면 죽음이 기다리고 있을 뿐이기 때문이다. 주인이 자신을 때린다면, 덤빌 수도 없으며, 덤빈다면 죽음만이 있을 따름이다. 죽은체하는 것은 사는 방법이다. 개와 인간이 소통한다고 하지만 개와 몇 가지나 소통이 될까? 개가 인간의 말을 알아듣지만, 개의 말을 인간이 얼마나 알아들을 수가 있는가? 개가 보는 인간은 왕이요, 신이요, 따를 수밖에 없는 신과 같은 존재일 것이다.

(6) 한자(漢字)의 신(神)

태초 땅에서 인간이 먹을 수 있는 곡식이 모두 땅에서 이루어지는 것이다. 곳에 따라 곡식이 잘 자라기도 하고 열매가 잘 열리는 것은 과학이 발달하지 않은 상태에서는 오로지 땅에서 이루어지는 현상이다. 식물이 잘 자라는 것은 햇빛이 있어야 하고, 물이 있어야 한다. 그러나 보이지 않는 자연의 허공에서 비가 오고, 천둥이 치고, 바람이 불고, 번개가 치게 하는 것은 인간과 비슷한 누구인가 있다고 믿는 것이다. 그가 누구라는 것을 우리는 보일시(示) 자와 번개 신(申) 자를 합쳐서 신(神)이라고 부르고 있다. 즉 보일 것 같으면서도 보이지 않는 번개와 같은 것이다. 번개는 빛이 있기에 낮보다는 밤에 확실하게 순식간에 볼 수가 있겠다.

(7) 육체와 혼

 인간이 산다는 것은 생각하고 움직이는 현상을 두고 살았다고 이야기한다. 육체는 있어도 심장이라도 움직이지 않는다면 죽었다고 판단한다. 그리고 맥박은 움직여도 생각을 못하여 판단을 못한다면 죽은 것이나 별다름이 없으므로 식물인간이라고 한다. 이 생각이라는 것은 영혼이며, 죽는다는 것은 영혼과 육체의 분리를 뜻한다. 즉 성인들이 주장하는 인간 삶의 형태는 육체와 영혼의 혼합체이기 때문에 두 개를 모아서 생긴 모음인 몸이다. 한밤중에 누워 잠을 자면서 꿈을 꾼다는 것은 혼이 돌아다닌다고 볼 수가 있다. 몸은 가만히 있어도 우주공간이라는 바로 앞의 허공에도 머물러 있을 것 같은 성인, 조상, 부모의 보이지 않는 혼(魂)에게 자신이 못하는 바를 부탁하고, 미래를 알려달라는 바람은 인간의 허약함을 신에게 의지하려는 태도이다. 신에게 의지하고 신에게 자기 뜻을 전달하려는 태도는 당연한 처사이다.

(8) 엄마와 아버지

 어린아이는 부모에게 의지하여 모든 것을 해결하였다. 낳아주신 어머니는 먹여주고 감싸서 모든 외부의 침입으로부터 막아주었다. 커가면서 점차 살아가는 기초적인 지식을 알려준 것은 엄마였다. 일차적인 기본 교육은 엄마로부터 얻었다. 아버지는 외부적 삶의 현장을 모두 개척하면서 자식에게 그 방법을 알려주고 해결하여 주었다. 부모가 돌아가시고 없다고 하더라도 자신이 해결 못하는 부분들을 알려달라면서 부모에게 의지하려는 마음은 변함이 없다.

　나약한 인간은 모든 것을 다 해결하여 주었던 부모의 역할을 그리워하고, 죽었다고 하더라도 우주공간에 항상 나의 주위에 있을 것이라고 믿으며, 영혼에 의지하려는 것은 당연할 것이다. 이에 대외적으로 모든 것을 해결하여주었던 하나밖에 없는 자신의 아버지에게 또한 모든 만물을 그가 창조하였다면 그 영혼에게 "하나님 어머니"가 아닌 "하나님 아버지"라 칭함은 당연한 칭호일 것이다. 또한 모든 대중을 아우르며 사랑을 기본으로 사이좋게 어울리는 방법을 지도하였던 분의 영혼을 아버지라고 칭함은 당연한 칭호일 것이다.

3. 신의 종류

　자신에게 영향을 미치는 것은 모두 신이라 할 수가 있겠다.
　신의 종류는 고대 중국에서는 모든 사물이 움직이고 변화가 이루어지는 것을 모두 신이 행동이라고 믿을 수밖에 없었다. 지역의 환경에 따라 인간이 사는 모습은 모두 다르므로 신 역시 형태가 다르다. 춘추전국시대는 333개의 신(神)이 있다고 전해지며, 서양의 중세 이전에는 3300개의 신이 있다고 하며, 인도의 힌두교에서는 3억 3천 개의 신이 있다고 한다. 인간이 생기고 인간의 힘으로 이루어질 수가 없는 힘을 모두 신에 의지하여 이루어지기를 바랐으며, 이로써 신은 생성하였다고 볼 수가 있겠다. 단지 신의 종류는 많아서 인간마다 믿는 신이 다르게 생각할 수는 있으나 보이지 않는 그 무엇에게 의지하려는 마음은 공통된 발상이다.

고대부터 인간은 강한 그 누구에게 의지하려는 마음에서 신이 있다고 믿었다. 아이가 부모에게 의지하고, 그 부모는 죽어서 영혼이 허공을 돌아다니고 있으니 일부분에 있는 보이지 않는 부모의 신에게 의지하려는 것은 본능이라고 볼 수가 있다. 신에게 은혜를 보답하고, 잘못이 있으면 용서를 비는 행동은 내가 좋아하는 것은 신도 좋아할 것이라고 믿었으며, 경제의 여유가 생기면서 남에게 보이고 그의 영향을 찾기 위해 더욱 발달을 하고 구체화 되었다.

세계 문명의 발상지인 이집트, 메소포타미아, 인더스, 그리고 중국의 황하문명의 동양철학에서는 크게 신을 구분하여 나누었다. 예를 들어 양(陽)과 음(陰)으로 나눈 후 땅, 물, 불, 나무, 쇠로 구분하였고 서양철학에서는 물, 불, 땅, 바람으로 크게 나누었다. 자신의 의지대로 이루어지는 것도 아니고, 우연한 일치로 이루어 진 것도 아니며, 모두 보이지 않는 투명의 신이 행한 것이다. 어두운 밤은 아무것도 보이지 않으며, 밝은 낮에 안 보이는 것은 같은 형상이다. 현대에 이르러 과학이 발달하고 그에 관한 연구로 변화를 바꾸면서 신의 존재는 점점 쇠락하고 있으나, 인간의 힘으로 이룰 수가 없는 모든 일은 모두 신에게 의지할 뿐이다.

신은 모든 일을 다 할 수 있으니 스리랑카의 신은 능력을 많은 손으로 표현을 하였다.

스리랑카의 사원, 신의 능력

4. 제사의 기본 이념

(1) 신에게 의지하다

인간은 자연에 의지하고 있으며, 자연의 변화에는 아무런 저항 없이 순응할 수밖에 없었다. 현대의 과학이 발달을 하여 각종 질병을 고치지만, 노령과 죽음에 대하여는 어쩔 수가 없고, 지구와 태양의 회전에 이루어지는 기후의 변화는 아직도 거부할 수는 없다. 자연이 인간에게 좋고 나쁜 영향을 주고 있다. 위해가 되는 재해, 질병, 죽음 등의 피할 수 없는 문제도 해결하려고 하였고, 행복한 삶을 사는 방법을 지도하였던 분들이 성인들이었다.

　아버지와 같은 역할을 하는 성인. 성현의 지도자가 없는 세계의 어느 지역에서는 인간보다 강력한 힘을 가진 하늘, 땅, 강한 짐승, 나무, 돌, 물, 바람, 구름, 등의 모든 신에게 의지할 방법밖에 없다. 이분들은 서로 이권 다툼으로 무자비하게 싸움하는 어지러운 사회에서도 평화롭게 사는 방법을 선도하기에 이르렀다. 이분들이 살아 있을 때는 성인이라는 말도 듣지 않았으며, 따르는 사람은 훌륭한 사람이라고 하였을 것이며, 그 성인의 말을 잘 들으면 좋은 사회가 이루어질 수 있음을 알았고, 그렇게 믿어 왔다. 그리고 실천을 하려 하였으며, 홍보하고 동참하여 좋은 사회가 될 수 있도록 이끌려는 마음이다. 그가 말한 것을 존경하려는 마음으로 각자 교훈과 이념을 책자로 만들었으니 그것은 성경, 불경, 사서삼경 등이라는 경전이라고 하겠다.

　당시의 지배자들은 성인들을 눈엣가시처럼 미워할 수밖에 없으며, 천대를 할 수밖에 없었을 것이다. 당시의 현실 속에서는 사는 시민들은 미래를 알 수가 없는데, 이들은 미래를 예측하고 어찌하라고 강력히 주장하니, 이들을 미친 사람이라고 하였을지도 모른다. 그들이 죽고 후대의 사람들은 성인들이 미래를 예측하고 지도하였으니 자연의 재해도 해결하여 줄 것으로 믿고 있다. 성인들이 나오기 이전에도 신에게 제물인 곡식, 과일, 음식, 술, 등을 제공하면서 자신이 원하는 소원을 해결하여 줄 것이라고 믿기도 하였을 것이다.

(2) 신에게 순응할 뿐이다

경찰보다 센 보이지 않는 도둑, 강도, 깡패 두목보다 힘이 강한 왕도 있다. 멀리 도망을 갈 수도 없고, 숨어 버릴 수도 없고, 싸워도 이길 수가 없으므로 자신보다 더 강한 신에게 의지하는 것은 당연하다고 할 것이다.

왕(王)[1]이나 두목(頭目)에게는 잘 보이려 하는 것이 최선의 방법이다. 잘 보이게 한다는 것은 기분이 상하지 않게 상대에 대하여 주는 것이다. 그렇게 하지 않으면, 벌을 받기도 하고, 매를 맞을 수도 있고, 쫓겨 갈 수도 있고, 죽임을 당할 수도 있다. 우선 강자에게 손을 정성스럽게 모으면서 공손하게 용서해 줄 것을 요구하고, 자신이 원하는 바를 받아 이루어 질 수 있도록 하여 주기를 바랄 뿐이다. 손을 올려서 비는 것도 어느 정도 손을 위로 올려서 손바닥을 비비는가는 신의 위상에 따라 달라짐도 알 수가 있다.

(3) 뇌물은 소통의 글

옛날이나 지금이나 윗사람에게 잘 보이려고 뇌물을 선택한다.

---

1) 왕(王): 한자 풀이를 보면 하늘과 땅 사이에 사람이 있는데 왕은 하늘과 땅을 이어 주므로 위에서 아래로 내리는 선으로 모두 통할 수가 있는 능력이 있다.

자신의 정정당당한 자세라면 구태여 뇌물을 쓸 필요가 없다. 조금이라도 부족하다면 직접 찾아서 공손하게 인사를 하고, 메시지를 하고 홍보한다. 그러나 문제는 보이지 않으면서 내게 위해를 가하는 강한 자이기 때문에 문제이다. 그런데 강자는 자신에게 말도 안 하면서, 그가 움직여 결과만이 나타나기 때문에 누군가는 힘을 가하였을 것으로 생각할 수밖에 없다. 누군가 뒤에 있을 것이라고 믿는 사람들은 신이 무엇을 원하는지 생각을 하여야 할 것이다.

 자신이 생각하여 옳다고 생각하면 바로 그것이 신의 지시고, 벌이고, 득이 된다고 믿을 뿐이다. 약자의 사람은 이의가 없으며 순종을 할 수밖에 없기 때문이다.

 그러면 강(强)자인 신이 좋아하는 것이 무엇일까? 그와 자신은 같은 공동체로서 마음이 같음을 인식하며 자신이 제일 중요하고 좋아하는 것이 신에게도 있음을 파악할 수밖에 없다. 이러한 마음은 그에게 순종하고 잘 보이려는 노력이 유일한 대책일 뿐이다.

 말보다는 행동으로 보여주는 것이 우선한다. 신에게 말로 전달하지만, 신이 말을 알아듣고 이해하였는지에 대하여 알 수가 없다. 그러니 특징이 있는 제물을 선택하여 제물의 특성을 보여주면서 뜻을 전달하는 것은 일반적으로 통하는 방식이다.

 이와 함께 언어로 경전을 외우고, 주문을 외는 것이며, 언어로 소통하기가 어려우므로 행동으로 몸짓 발짓 온갖 행동으로 자기의 뜻을 전달하려는 것은 춤의 근본이라고 볼 수가 있겠다. 이것이 제사(祭祀)이다.

자신에게 좋은 일이 다가오거나 나쁜 일이 나타난 것은 신이 화가 나거나 좋아서 인간에게 상을 주거나 벌을 내린다고 생각하였다. 신에게 잘 보이려고 하나 보이지 않으니 오로지 자신이 판단하여 신의 마음을 이해하고 신의 마음을 흡족하게 하여 자신에게 화를 당하지 않고 복을 받을 수 있도록 노력을 하여야 할 것이다.

  인간은 신에게 화날 행동을 하지 않겠노라고 다짐하고, 신에게 정성을 보여서 각가지 신이 좋아할 것 같은 뇌물인 제물(祭物)을 사용하여 신에게 잘 보이려 하는 것이 제사의 본뜻일 것이다. 그러하니 보일 시(示)를 표시하였을 것이다. 신의 의지대로 움직이는 인간은 자연의 이치인 음양(陰陽) 오행(五行)의 이치대로 움직여 주어서 신의 뜻을 거역하는 일이 없도록 순응하여 최대한 피해를 적게 보고 이익을 최대하려 함은 그것은 신의 노여움을 사지 않게 하는 한 수단일 것이다.

  마치 하늘에서 떨어지는 낙하물 풍선을 보고, 그 떨어질 자리를 짐작할 것이다. 풍선 속에 나쁜 것이 실려 있다면 피하고, 좋은 돈이나 먹거리가 실려 있다면, 최대한 가까이 가려고 함은 최선의 방법일 것이다. 남한에서 바람과 기류를 이용하여 북한에 보내는 풍선의 예를 들어보자. 북한에 라디오 같은 좋은 생활용품이 실려 있음을 안 주민은 풍선을 가까이 갈 것이다. 그러나 남한으로 내려오는 풍선에는 온갖 오물이 들어 있음을 알고, 혹여나 폭발물이 있는 것을 안다면 멀리 도망가려는 심리일 것이다. 고무풍선은 책과 같으며, 그 속에 무엇이 들었는가는 책을 보고 내용을 아는 것이다. 그리고 도망을 간다거나 쫓아가는 것은 따라 하고, 도망가는 것으로 비유를 할 수가 있다.

　이처럼 다가오는 일에 대하여 예측하는 것이 동양에서는 주역이라 하고 명리라고 하는 것이다. 좋은 괘가 나왔다면 쫓아갈 것이고, 나쁜 괘가 나왔다면 피하고, 다른 방법을 취하는 것이다.

　현대는 과학이 발달하여 모든 사연을 풀이하고, 알게 되었지만, 아무것도 몰랐던 시기에는 어쩔 수 없는 선택이었다. 마치 울창한 산속에서 여유를 즐기다가 날이 저물어 컴컴한 한밤중에 마구 쏟아지는 소나기를 만났다면 그곳을 벗어나야 할 것이다. 그러나 방향도 모르고 길도 없다면 어느 선택을 할 것인가? 이럴 때는 어린 시절 손바닥에 입에서 침을 올려놓고, 한 손가락으로 내리쳐서 물이 튀는 곳을 선택한 기억이다. 점은 이와 같은 맥락이라 볼 수 있다.

　우리의 일상생활이 비록 현시대에만 있는 것이 아니다. 먹고, 싸고, 병들고, 싸우고, 등 수 많은 사연은 인간이 있으면서 겪어온 삶이다. 또한 모든 생명 또한 같은 삶이라고 보아야 할 것이다. 이 모든 사연을 글이라는 암호부호를 공통적으로 사용하면서 문명의 시대가 열렸다. 선인들은 후대사람을 위해 기록하였고, 그 역사 기록을 보고, 좋은 점은 사용하고, 또한 조금 더 낫은 것으로 발전시키고, 나쁜 것은 배제하려는 목적이 역사를 배우는 목적이라 할 것이다. 모든 의학, 정치, 건설, 먹거리, 등의 생활에 역사가 없는 사연은 없다. 이를 본다면 공부란 역사를 배우고 발전을 시키는 것뿐이다.

인간은 다른 동물과 달리 글이 있으므로 우위를 차지할 수가 있었다.

5. 왕과 신은 동등한 위치이다

왕(王)은 자연을 움직일 수는 없어도 인위적으로 부하를 다루어 국민과의 관계를 잘 유지하려는 책임이 있다. 착한 일을 하면 그에 대한 보상도 주어 많은 국민이 본받을 수 있는 계기를 만들어 주고, 나쁜 일을 했다면 그에 대한 적절한 벌을 주어 국민이 하지 않도록 유도하기도 한다. 왕이 직접 보고 들어서가 아니라 하수인인 지방 관리인이나 암행어사를 통하여 알 수가 있으며 소문을 통하여서도 세상의 일들과 형세를 알 수가 있다. 그러므로 임금님 귀는 당나귀 귀라고 한다.

현대와 같이 통신과 교통이 발달하지 않았던 시대의 일이다. 국민 개인의 관점에서 왕을 생각하여 본다면 왕을 보지도 못하였으며 있다는 소문만 들었고 그가 지시하는 사항은 개인의 관점에서 많은 영향을 미치며 위력이 대단하다. 마치 귀신처럼 개인의 사정을 잘 알고 평가를 하며 상벌을 내리기도 한다. 그러므로 보지도 못한 왕은 보이지 않는 귀신과 동등한 위치를 차지하게 된다.

신은 무엇이었던지 모두 할 수 있는 능력이 있다고 하였다.

또한 고대의 왕은 자신이 곧 신이요. 미륵이요. 신의 아들이고,

짐(朕)²⁾ 이라고도 했다. 왕은 하늘과 같이 생각하며 우러러 받들어야만 했다. 그리 해야만 통솔하기도 수월하고 순종하게 하여야 할 자세를 갖추어야 할 것이다. 왕(王)은 사람의 위에 있는 하늘과(‾)과 사람 아래에 있는 땅(_)과 중간에서 사는 사람(-)의 뜻을 소통하는(ㅣ) 뜻을 존재이다. 그러므로 일반 국민은 왕을 보지도 못하였지만 왕에게 세금 이외에도 귀한 음식이나 물건 등을 진상하게 되었다.

6. 음양(陰陽), 5행(行)

(1) 음양

하늘에 있는 신을 천신(天神)이라 하고, 땅에 있는 신을 지신(地

---

2) 짐(朕): 임금이 자신을 칭하는 글자 나짐 자는 달밤에 하늘을 날아다니는 새라고 파(破)자를 할 수가 있다. 여덟 팔(八)자는 앵무새의 무리를 뜻하기 때문이다.
  인터넷에 의하면 짐이라는 한글 표기는 같으나 한자가 다르다. 그러나 새와 관련이 있음은 부정할 수가 없다.
  짐(鴆)새는 새의 일종으로 동남아에서 있었던 고대의 새라고 전한다. 겨드랑이 밑에 독이 있어서 가루를 날리면 인간이 죽는다고 한다. 고대에는 이 독으로 사약을 만들어 사용하였다고 전한다. 짐새는 매와 같이 높은 하늘에 올라 아래를 전부 쳐다볼 수가 있다. 그리고 먹을 것이 있으면 총알같이 달려들어 잡을 수가 있으니 위력은 대단한 것이다. 왕은 현장에 방문하지 않아도 신하나 연락병을 통하여 온 나라를 하늘에서 내려다보는 새처럼 훤하게 알아서 칭찬도 해주고 벌을 주는 것은 짐새와 같은 역할과 같은 이치이기에 짐이라 표현하였다고 본다. 전통 혼례에서 차일(遮日)을 치는 것은 저녁에 행하는 혼인식에 신랑 신부가 당일만 당상관 이상의 벼슬 옷을 입 도록 허락하였다. 그러나 저녁이 아닌 한 낮에 행하므로 하늘에서 보는 짐새의 시각 을 가려야만 했으며 가리지 않으면 지나가는 짐새로부터 독(왕으로 부터의 벌)을 받 을 수가 있어 하늘을 가려야만 할 것이다.

神)이라고 한다. 하늘과 땅이 변화하여 가는 과정에 따라 동식물의 생태도 변화할 수밖에 없으며 인간도 예외가 될 수가 없다. 하늘이라는 공간에서 비와 바람과 눈 등이 무엇이 오는가에 땅의 식물과 동물의 생사에 많은 영향을 주어 세상이 변화가 생기게 된다는 것이다. 비가 오면 식물이 잘 자라고, 날씨가 추워져서 눈이 오면 식물이 죽는다는 것을 알게 된다. 하늘의 변화에 따라 식물이 달라지고, 식물을 먹고 사는 동물도 같이 변화가 온다. 인간도 동물과 같지만 우리는 지혜가 있으며, 동물 중에서도 우두머리라고 자부하고 있을 뿐이다.

　중국의 고대에 먼저 연구한 것이 음양이다. 천지(天地) 사이에 사는 사람이라고 효(爻)와 괘(卦)를 사용하게 되었다. 그것은 역학이라고 하며, 주나라의 학문이기에 주역이라고도 한다. 주역은 발달하여 음양으로 나누고 음양은 4괘, 8괘, 64괘, 등으로 세분화하게 된다.

　음양의 이론을 살펴보자. 동쪽은 양이고 서쪽은 음인 것을 하나의 나무에 살펴보자. 8m의 길이를 놓고 보면 동쪽과 서쪽이 있다. 그리고 동쪽의 4m는 양이고, 서쪽 4m는 음이다. 양이 된 4m를 별도로 분리하여 본다면 다시 동쪽 2m의 양과 서쪽의 2m 양으로 나눌 수 있고, 1m, 0.5, 0.25 등으로 수없이 계속 나눌 수가 있으므로 이처럼 음양은 어느 것이라도 나눌 수 있다는 개념이다. 다른 구성으로 생각하면 갈림길에서 우측으로 가다 보면 또 갈래가 있어서 좌측으로 가면 또 갈래가 있고 끝없는 갈림길이 있듯이 인생을 살면서도 한 시점에 어떠한 선택을 하느냐에 따라 인생의 방향은 달라지는 것이다.

　산의 정상을 인생의 행복과 성공이라고 견주어 볼 수가 있겠다. 처음에 갈라지는 쌍갈래에서 많은 사람이 지나갔던 순탄한 길과 적은 사람이 갔던 지름길이 있다면 자신은 한순간의 선택하여야만 한다. 직진과 우회의 선택은 자신이 하고 전진의 앞의 일은 자신이 계속 헤쳐 가야 할 숙명이다. 전진하다가 또다시 좌우를 선택해야 하는 조건이 계속 이어진다는 것이다. 처음의 선택은 점점 원점에서 멀어져가며 점점 되돌릴 수고 어렵다는 것이다. 많은 사람이 선택한 것은 좋아질 확률이 많은 것이다. 이는 많은 사람이 가던 길이라면 순탄할 것이고 좀처럼 다니지 않았던 길이라면 험하고 고되고 실패할 확률이 높다는 결론이다. 음을 원하는 사람이 음을 향하여 가는 것은 정당하고, 양을 원하는 사람은 양의 발향으로 가는 것이 정당할 것이다. 그러나 자신이 음인지 양인지는 나의 선택이며, 이것은 운명이라고 할 수가 있으며, 나아가 사주(四柱)팔자(八字)라고 한다. 이에 순응하여야 편하다는 것이다.

　(2) 오행

　인간도 자연의 일부이며 자연의 흐름에 따라 태어나고 죽어가는 이치에 부합할 수밖에 없다. 식물들은 살아가기 위해서는 크게 태양과 땅을 의지하여 생존하고 있으며, 동물들은 살아가기 위해 강육약식의 자연법칙으로 생존하고 있다. 이 증거는 동굴 안에서는 동식물의 생존율은 극히 낮음과 바위에서도 식물이 자람은 가랑잎이라도 쌓여 있어야 하고, 바위틈이라도 있어야 의지하고 수분이 있어야 생명을 유지할 수 있기 때문이다. 또한 동물은 타의 생물을 먹지 않고서는 살아갈 수가 없다.

하늘에는 해와 달이 있고 땅에는 불, 물, 나무, 돌, 흙으로 구성됨을 크게 나누어진다. 이것이 일상생활에서 사용하는 일주일(一週日)이다.

하늘은 일월(日月)도 음양으로 구분하여 해와 달이 있고 이에 따르는 천간(天干)은 갑을병정무기경신임계(甲乙丙丁戊己庚辛壬癸)의 보이지 않는 형태의 10개로 나누어진다. 땅의 지지(地支)는 자축인묘진사오미신유술해(子丑寅卯辰巳午未申酉戌亥)라고 하여 12짐승이 하늘의 뜻인 사계절에 대한 대처하는 모습을 비교한다.

인간이 태어난 시점의 연월일시인 사주팔자(四柱八字)가 천간과 지지의 변화에 따라 흘러가는 생명체이며 이에 따라 인생의 흐름이 정해진다는 논리이다.

천간은 10개이고 지지는 12개이므로 순서에 의하여 서로 짝을 이루려면 60번의 교차로 인하여 다시 제자리로 온다. 즉 갑자(甲子)생이라면 다음에 을축…, 등으로 이어지는데 60번을 거쳐야 다시 갑자로 돌아올 수가 있다. 이로써 다시 왔다는 인생의 회갑(回甲)이라고 한다.

이에 한국의 달력에는 항상 10간 십이지의 일진이 표기되어 있다. 그만큼 많은 사람이 이용하고 있다는 것이다.

(3) 음양오행의 변화

 천간과 지지를 합쳐서 간지(干支)라고 하는 것이다. 하늘이라는 공간에 있는 해와 비와 바람과 추위 등의 변화에 따라 땅에 있는 식물, 동물들은 하늘의 변화에 따라 대처할 수밖에 없으며 이에 따르는 지상의 변화는 각종 자연재해가 일어나며 그에 따라 인간은 그 변화 속에서 각종 먹거리도 얻기도 하고 목숨도 빼앗기는 변화에 능동적인 태도를 보일 수밖에 없다. 이것은 명리로 일반적으로는 천간과 지지의 변화로 60개의 짝을 만들고 태어난 년 월 일 시에 따라 변화되는 8개의 숫자를 만들어 팔자(八字)를 분석한다. 이것으로 운명과 세상의 이치를 측정하여 음양의 이치로는 64개의 변화가 있어 운세나 토정비결을 예측하기도 한다. 또한 천간의 변화를 이해하고 이에 변화에 순응하고 대처하고자 각종 일상생활에서도 이를 적용하고 활용하여 배치하면서 대응하고 있다. 마치 물고기가 강물 따라 내려가는 것은 힘이 안 들고, 올라가는 것은 어렵기 때문이다. 이를 "역천자는 쇠하고 순천 자는 흥한다."는 말이 여기서 나오는 말이다.

 이를 응용하고자 조선의 수도 서울에는 사대문과 가운데 건물이 있는데 이를 적용하여 건물의 이름에 인의예지신을 사용하였다. 동쪽 문은 흥인(仁)문, 서쪽 문은 돈의(議)문, 남쪽 문은 숭례(禮)문, 북쪽 문은 숙지(知)문, 중앙에는 보신(信)각 등으로 명한 것이다.

 서양에서는 "만물(萬物)의 근(根)이라 해서 크게 사랑과 미움"의

둘로 나뉘며 현실은 지수화풍(地水火風)³⁾ 이 서로 조화를 이루어진 다고 표현을 한다.

7. 촛불의 이유

인간은 신의 처분에 대하여 속수무책이며 거절을 할 수가 없다. 때리는 대로, 주는 대로, 수동적일 수밖에 없다.

인간은 신을 볼 수가 없지만 신은 인간을 볼 수가 있다고 생각하기 때문이다. 안 보이는 것은 어두운 밤과 같으며 어두움을 밝히기 위하여서는 불을 밝혀야만 한다. 즉 신을 만나고 보기 위해서는 불을 밝혀야 하는 이유가 되는 것이다. 그러므로 불을 밝히는 교회, 사찰, 각종 제사, 등의 모든 행사에 촛불을 밝히는 것은 대부분 신에 대한 행사라고 생각하면 될 것이다.

8. 신은 무엇을 좋아할까?

신에게 사죄하면서 복종하는 마음은 기본이고, 신이 좋아하는 것은 곧 자신이 좋아하고 중요하다고 생각하는 것이라는 것은 공

---

3) 대학 철학. 건국대학교 출판부. 다원론 엠페도클레스(BC 495~435) P 29 다원론그리스의 엠페도클레스 B.C 5C

통된 생각이다.

 (1) 고대의 중남미 지방 아스텍과 잉카에서는 인간의 심장과 어린아이를 제물로 바쳤다.

 (2) 인도의 힌두교에서는 농업에 제일 중요한 소를 제물로 바치고 점차 소의 마릿수가 줄어들어 농사를 경영하는 위기에 처하게 되었다. 이로써 소는 너희들의 조상이라고 주입하게 시키면서 소고기를 먹지 못하게 하였다.

 (3) 동양에서는 자신이 좋아하는 음식, 꽃, 등을 바치기도 한다. 고대의 왕은 곧 자신이 신이라 주장하면서 무조건 복종을 유도했으며, 강력한 통치하에 그가 죽으면 그가 소중하게 여겼던 물건과 그와 함께하던 신하도 같이 땅속에 들어가는 순장(殉葬)을 하기도 하였다. 언제부터 인재의 죽음이 나라의 손실이라는 것을 고려하여 흙으로(진시황릉 외) 인간의 모양을 만들어 신을 속이기도 하였다. 그리고 죽은 자가 좋아하는 음식과 좋아하고 아끼던 장식들도 같이 땅에 묻어 주었다.
 고대에서도 제물은 계속 사용했으며 장소와 시기에 따라 제물은 다르게 나타나고 있다. 왕이 좋아하는 춤을 추기도 하고, 노래를 부르기도 하는 것은 모두 신의 마음을 달래기 위한 행위라고 볼 수가 있겠다.

9. 신과 인간의 소통은 제물이다

 (1) 소통
 우리의 사회는 서로 소통이 어느 정도 되느냐에 따라 모든 단체가 잘되고 못됨을 판가름 짓는다.
 생물의 수많은 종류는 같은 종류끼리 같이 어울리며 서로 소통하고 있다. 표현이던 언어 이던 서로 소통하면 서로의 규칙을 정하고 서로 피해가 가지 않도록 노력하고 있다. 만약 소통되지 않는다면 서로 빼앗고 싸움하고 또한 죽이고 잡아먹기도 한다.
 사람은 이제 과학이 발달하여 교통과 정보가 잘 되면서 강국들이 사용하는 영어로 모두 소통이 되는 단계에 다가왔으며, 이에 따라 전쟁도 줄어들고 있다. 인간이 다른 동식물과 소통하기가 어려우면서 잡아먹기도 한다. 현대에 개나 고양이 등이 복종하는 자세는 소통하고 서로 믿음을 주면서 개를 잡아먹는 것을 미개하다고 여기는 것은 그만큼 개와 소통을 한다는 증거이다. 개와 소통이 안 되어 주인보고 짖으며, 주인을 물어 버린다면 그 개는 생존할 수가 있을까?

 (2) 술
 하늘이라는 공간에 향을 피워 신의 영혼을 오시게 한 후, 술을 땅에다 부어서 자연으로 돌아간 육체를 얼을 모시게 된다. 실내에서는 종묘에는 마루 구멍(관지)에 술을 부어 백과 소통하고, 실내에서는 땅에 넣을 수가 없으니 빈 그릇을 마련하고 그곳에 넣는데 그릇을 퇴주(모사) 그릇이 그에 해당할 것이다.

인간들은 서로 만나면 술을 주고받으며 정을 나누고 있다. 술은 긴장을 풀어주고 취하면 더욱 소통이 잘 이루어진다. 취하면 취할수록 속마음도 다 털어 서로의 사이는 더욱 가까워진다. 그러므로 친한 사이이면 먼저 술이나 한잔하자고 권유한다. 이에 응하지 않는 사람이라면 통하려는 의지가 없음을 의미한다. 그와 같은 방법은 신과도 소통을 원한다고 할 것이다. 신의 뜻을 전달받아야 할 것이고, 인간은 신에게 바라는 바를 소원을 전달할 것이다. 술을 신에게 올리므로써 신의 뜻을 묻고, 음복으로서 신과 술을 주고받음은 소통을 유도하려는 방법이다.

(3) 제물과 상징

현재에 사용하고 있는 제물에 대하여 살펴보기로 하자. 인간이 좋아하는 것은 신도 좋아할 것이며, 내가 싫어하는 것 역시 신도 싫어할 것이다. 고대에는 아즈텍과 잉카제국은 인간의 심장이었고[4], 아브라함 이전에는 흠 없는 정결한 어린아이를 제물로 바쳤다.[5] 한국의 향교에서 사용하는 각종 고기, 곡식, 채소, 술 등의 공통점은 당시에도 인간이 좋아하는 음식이며, 중요하게 여기는 것이었다. 그러면 근래의 가정에서의 필수적인 음식이 사과, 배,

---

4) 세종교 이야기. 홍익희 지음 p58
5) 세종교 이야기. 홍익희 지음 p60

곶감, 밥, 국, 고기 음식, 나물, 술, 등의 음식으로 바뀌었다.

현대에 이르러는 새로 생긴 피자나 바나나도 제상에 오르는 경향이 있으며, 앞으로는 현대인이 좋아하는 커피나 담배도 사용할 수가 있으리라 예상된다. 신에게 전달하려는 뜻은 언어로써 표현하는 것은 너무나 당연한 일일 것이다. 그러나 언어표현은 지역마다 다르고 부족마다 다르므로 언어로만은 소통하기가 불가능하다. 그러나 언어의 억양과 행동을 동시에 한다면 이해하기가 쉽고, 물건과 행동을 하면 서로 통할 수가 있다. 과일을 가지고 먹는 시늉을 하면 먹으라는 뜻이고, 과일을 먹으면서 죽는 행동을 한다면 먹으면 안 된다는 뜻인 것과 같다. 아무리 언어가 통하지 않는다고 하더라도 물건과 행동으로 소통하는 것과 마찬가지로 신과도 이처럼 행동과 물건의 특징을 살린다면 신과도 소통을 할 수 있을 것이다. 차키를 준다면 차를 운전하라는 의미이고, 담배를 주면 담배를 피우라는 의미이며, 통장을 주면 돈을 주는 것이고, 자물통을 주면 잠그라는 의미에서 헤어지지 말자는 약속의 뜻이고, 문 앞에서 열쇠를 주면 열라는 뜻이다.

그러면 의미를 대표하는 물건들을 열거하여 보자.

① **엿** : 엿은 끈적끈적하여 다른 곳에 닿으면 붙는 성질이 있어서 시험 합격을 의미한다.

② **실** : 길이가 길어서 긴 시간 개념을 나타내어 장수, 오랫동안 보전하라는 의미에서 건물의 상량식, 다리의 준공식, 어린이의 돌이나 백일잔치 등에 사용하여 장수의 뜻을 나타낸다.

③ **북어** : 북어는 향기가 특이하고 벌레가 싫어하기 때문에 오랫동안 형태를 보존할 수가 있다. 또한 모든 동물이 상대를 살피려면 우선 눈을 쳐다 살펴보는데, 귀신도 인간의 눈을 살펴볼 것이다. 그리고 신이 화가 났다면 인간의 생명을 빼앗아 간다. 북어의 눈이 인간의 눈과 흡사하여 신은 북어의 눈을 인간이라고 인식하여서 한 인간을 끌어안고 만족을 한다고 할 한다. 인간에게 위해가 되지 않도록 하는 방지의 의미를 지닌다.

　④ **쌀이나 흰떡** : 동양은 쌀을 주식으로 하는 인간에게 없어서는 안 될 아주 중요한 식품이다. 먹거리에 대해 풍요로움을 상징한다.

　⑤ **붉은 떡** : 음양의 이치에서 붉은 것은 양이고 신(神)은 보이지 않기 때문에 음으로 속한다. 이것은 서로 싫어하는 상극(相剋)관계이기에 멀리하는 것이 안정하다. 그래서 나쁜 신을 쫓아내는 역할을 의미한다. 붉은 팥을 사용하는 고사떡이다.

　⑥ **향불** : 향불을 피우면 특이한 냄새를 풍기며, 연기는 눈에 보이면서 공간에 퍼진다. 즉 보이지 않는 공간에 있는 신(영혼)이 연기와 향기를 피워 자리를 함께하는 의미를 담는다. 즉 연기를 타고 신이 온다는 믿음이다. 그러므로 제사할 경우 향나무를 잘게 쪼개거나 부수어서 탈 때에 연기가 잘 나도록 하였다. 그러므로 제향을 지내는 곳에 향나무를 심는 것은 이를 이용하려는 의도일 것이다. 현대에는 만수향이라는 가공품을 사용한다.

　⑦ **술** : 인간의 몸에 흡수하면 긴장이 풀어져서 간직한 속마음도 잘 드러내며 소통이 잘 된다. 인간은 육체와 영혼이 분리된다. 육

체가 죽으면 땅이라는 자연에 흡수되므로 술을 산소나 야외에서 진행할 때에는 땅에 제수하고, 실내에서는 빈 그릇에 넣어 육신과 소통을 한다. 그러므로 흡수된 자연으로 간 육체의 조상, 신, 귀신과 기운과 소통하려는 매개체의 역할을 한다.

현대인들은 상대와의 소통을 원만이 하고, 약속을 하려는 방법으로도 "건배" "위하여"등을 외치며 단합하는 과정에서 빠질 수 없는 술이며, 서로 소통하자는 결의이다. 그러므로 제사 후 음복이란 신과 소통하려는 의미이므로 대표로 먹는 격식도 있고 함께 먹기도 한다. 이는 먹어야 함이 마땅하다 할 것이다. 약주이던 차이건 신과 소통할 수 있는 음식이기에 대중이 모두 먹는 음식을 선택하는 것이 좋을 것이다. 제사를 지낸 후 음복을 헌관이 한다면 대표적으로 신에게 받는 것이니 모두 부복(예를 갖춤)하는 것이 옳다고 할 것이다.

⑧ **촛불** : 초는 불을 밝히면서 소모가 된다. 자기 몸을 희생시키면서 불을 밝힌다는 의미도 있다. 보이지 않는 신을 볼 수 있는 믿음이 있고, 신에게도 불을 밝혀 찾아올 수 있다고 믿는다. 이는 불교, 기독교, 토속신앙, 유교, 케이크 절단, 예식장, 등에서 볼 수 있는 개념이다.

⑨ **밤** : 밤은 땅속에서 싹이 트면 어린싹이 성장할 때까지 썩지를 않는다. 모체의 희생정신은 부모의 사랑과 자손 번창을 의미한다.

⑩ **대추** : 이 나무는 꽃이 피면 반드시 열매를 열린다. 그러므로 자손 번창에 의미가 있다.

⑪ **돼지고기와 돼지머리** : 동양의 고대나 현대의 일반인은 아직도 고사(告祀)를 지내고 있다. 이것은 신에게 안녕을 바라는 기대로 건물의 신축이나 일을 시작할 때에 행한다. 그러한 제사에는 악신을 몰아내는 역할을 하면서 돼지머리를 사용한다. 돼지머리와 고사와는 밀접한 관계가 있다.

고대 동양의 사회에서 가정에서 음식이 남으면 냉장고가 없는 관계로 보관할 장소가 없으며 부패(腐敗)가 되면 집 주위에 버리는 수밖에 없다. 버리게 되면 냄새도 나고, 썩게 되면 파리가 날아와 알을 까고, 벌레가 생길 수도 있고, 벌레는 각가지 동물을 유도하며 점점 더 강한 짐승까지 오게 되며, 결국은 사람의 생명을 위협 받을 수가 있다. 그러나 남은 음식이나 부패한 곡식을 다 먹어 치우는 돼지가 있다면 상기와 같은 위험은 걱정을 안 하여도 된다.

결론은 돼지가 있다면 짐승이 안 오고, 잡병이 적을 수가 있으며, 이것은 과학이 발달하지 않은 상태이므로 귀신이 적다고 할 수가 있다. 그러므로 병균도 없고 짐승도 안 오며 최종으로 생명까지 보존이 된다. 또한 돼지는 커서 고기를 줄 수 있는 동물이다. 마치 남은 음식을 돼지에게 보관하는 현대의 가정에서 절대적으로 필요한 냉장고 역할을 하는 것이다. 결국은 돼지가 없는 집에는 냄새, 벌래, 날짐승, 들짐승, 등의 우환이 많아 마치 귀신이 항상 많고, 돼지가 있는 집은 사람을 해치는 귀신이 없으니, 이것을 고대에는 돼지가 귀신을 쫓아내기 때문이라고 생각하였다. 그래서 고대 중국의 집에는 돼지를 키우는 계기가 되었고, 집을 가(家)

로 표기하여 집면(宀)자에 돼지시(豕)자를 합한 글자를 사용한다. 돼지를 우대하면서 생활하는 것은 당연한 처사일 것이며 돼지가 중요한 위치임을 증명한다.

⑫ **마이크** : 마이크는 강연, 방송국 등에서 사용을 많이 하므로 연예인이라고도 한다. 백일잔치나 돌잡이 물건으로 선택시킨다.

⑬ **연필** : 공부를 하는 것으로 학자를 뜻한다. 백일잔치나 돌잡이로 사용한다.

⑭ **소와 소고기** : 소는 온순하면서 힘이 세고, 우직한 동물이다.

⑮ **엄나무** : 엄나무는 가시가 있고 잎이 쓰다. 짐승이 잎이 쓰고, 가시 때문에 잎을 따먹기가 힘이 든다. 그러므로 귀신을 배제하는 의미로 사용한다. 굿을 하면서 귀신을 쫓아 보내려고 할 때 사용한다. 일반적으로 예쁘다면 자신을 보호하기 위하여 가시가 있고, 몸에 좋은 식물도 가시가 있다. 설령 사막에 있는 선인장이 가시가 없다면, 다른 동물에 의하여 그곳에서 살아남을 수가 있을까?

⑯ **자물통** : 혼인하고 헤어지지 말자는 의미로 유원지나 명소의 줄에 자물쇠를 매달아 놓고, 열쇠를 버리는 것은 약속의 의미이다.

⑰ **열쇠** : 집에 들어가려면 열어야 하고 자동차도 우선 문을 열어야 한다. 마음도 열어서 용서와 화해를 할 수 있는 넓은 마음을 갖추기를 의미한다.

⑱ **소금** : 변하지 않는 성질이다.

소금이 있는 곳은 썩지 않고 오염되기 어렵다. 재수가 없는 사람이 집안에 왔다가 나가면 "애야 소금 뿌려라." 한다.

⑲ **복숭아** : 복숭아나무는 이른 봄에 잎이 나오기 전에 꽃을 피우며 겨울을 쫓아 버리는 것과 같다. 이에 따라 음기인 귀신을 쫓아 버리는 역할을 한다. 이것은 굿을 하는 등에 사용하며 제사상에 오르지 아니하며 집안에 심는 것을 자제하였다.

10. 제물을 놓는 방법(진설도)에 대하여

제물을 놓는 자리는 자연의 순리에 따랐다.

자연의 원리는 현대말로 과학이며, 고대부터 변화하는 것을 바꿀 역(易)이라 하였다. 중국 고대의 주(周 B.C 1046)나라부터 사용하였다고 하여 주역(周易)이라 한다. 동양철학이 주장하는 4서 3경 중의 역경에 음양 논리를 제시하게 됩니다. 이것을 동양학의 명리(命理)라고 하였다.

그러면 제사를 지내는 방법에 대하여 철학적인 과학 정신이 얼마나 내포되어 있는지 유교의 입장으로 살펴보자.

(1) 음양오행

제사의 절차나 제물의 방법은 자연 순리의 원칙인 음양오행(陰陽五行)[6] 에 행하는데 그 원칙이 보는 시대와 보는 장소와 방향에

---

6) 왕초보 사주학. 박주현.p71 음양(陰陽): 어둠과 밝음, 뒤와 앞, 소극적과 적극적, 서(西)와 동(東) 오행(五行): 목(木나무). 화(火불). 토(土흙). 금(金쇠). 수(水물)

따라 달라지는 지기 때문에 방법이 서로 달라 언쟁이 붙고, 그 언쟁이 과하여 서로 미워하고 파벌로 이어졌으며 서로 싸움하게 되었다. 이러한 모습을 보고 중국 남송 시대의 주희(朱熹)는 상세하게 정리하였는데 모든 것을 정리하였기에 집대성하였다고 한다. 이것을 주자학(朱子學)[7]이라고 한다. 그러나 집권하고 있는 권력자들은 아는 체하는 주희가 국가를 통솔하는데 자신들의 뜻과 달라서 장애가 되었고, 자신들의 자존심을 건드리게 되었다. 그래서 그들은 주희가 쓴 모든 책은 수거하여 없애 버리고, 주희의 언행 활동을 죽을 때까지 저지하였다. 그러나 세월이 흘러 권력자들이 세대교체가 된 시점부터 주희의 생각은 옳았다고 인정하여 800년이 지난 오늘날에도 주희가 정리한 주자학은 빛을 발하고 있다.

아국(我國)[8]에서도 제사(祭祀)에 대한 방법 일체를 송시열(宋時烈), 김장생(金長生) 이외 여러 유학자들이 정리한 사례가 있다.

(2) 가가례(家家禮)

제물 음식의 종류에 따라 구분은 다음과 같으나 이해하는 시각이 학자마다 다르고, 집안마다 방법 또한 다르기 때문에 이것을 가가례(家家禮)라고 한다. 이것은 가정 제사를 지내기 이전의 근본적인 문제로 윗사람을 공경한다는 뜻에서 윗사람이 혹시 틀린 사

---

[7] 주자학(朱子學): 주는 성이고 자(子)는 공자 맹자 증자 등의 선생이라는 의미이며 학(學)은 학문이라는 뜻이다. 라고 한다.
[8] 아국(我國): 신라, 백제, 고구려, 고려, 조선 등의 한국 지역의 나라들을 통 털어 칭하는 말.

항이 있더라도 항의하거나 싸우지 않고 순종한다는 의도가 내포된 삼강오륜(三綱五倫)의 장유유서(長幼有序)라는 질서가 있어서 윗분의 의사를 따라 부자(父子)간에 범하지 않는 것이 정답일 것이다.

그러나 성현들마다 다르기는 하지만 대동소이하고 이들이 주장한 진설(陳設)의 위치는 다음과 같다.

아버지가 알고 있는 지식이 틀린다고 하여 아버지를 해(害)하거나 싸움을 할 수가 없기 때문이다. 아버지의 허물은 아들이 덮어주고, 아들의 허물은 아버지가 덮어 준다는 논어의 이야기도 있지만 자식의 도리는 삶에 많은 영향을 미칠 우려가 없는 경우에는 아버지의 방법이 틀리더라도 아버지의 의사를 존중한다는 뜻이다. 이는 예송논쟁(禮宋論爭)으로 이어졌으며 서로 살기 위한 사화까지 초래한 역사도 있다. 이 말은 일정기에 일본인들이 만든 단어라고 전해진다.

(3) 명리의 해석

이 방법을 이해하려면 먼저 동양 철학의 명리(命理)를 알아야 하는데, 기본적인 음양(陰陽)과 오행(五行)을 이해하여야 한다. 학문이 너무 깊어서 제사에 대한 것도 어느 것이 옳은 것인가는 보는 시각이 시대에 따라 달라지므로 일정하게 정하기도 어렵다. 명리는 동양의 모든 일상생활에 적용하여 사용하고 있다. 이 기본을 구체적으로 따져서 변화의 조화를 보고 장래를 예측하기도 한다. 이 학문을 전문으로 하는 교육기관도 있다. (원광대학교)

1) 음양

이와 같이 모든 삼라만상(森羅萬象)은 두 가지로 나누어 볼 수가 있다. 이 두 가지는 항상 교차를 하면서 운동을 하고 있다. 그러므로 음이 먼저이거나 양이 먼저라고 볼 수가 없으나 전통적으로는 양이 우선한다.

2) 오행(五行)

	천체	색채	길이	기분	방향	사람	깊이	형태	방향
음(陰)	땅	어둠	짧다	우울함	아래	여자	얕다	미약함	뒤
양(陽)	하늘	밝음	길다	좋음	위	남자	깊다	확실함	앞

이외에도 수없이 구분을 하고 있으나 무엇을 할 것인가에 따라 골라서 적용을 시키고 있다. 따라서 제사할 때 모두 알고 서로 상관관계를 숙지할 필요는 없다.

	오행	목(木)	화(火)	토(土)	금(金)	수(水)
1	음양	양	양	중앙	음	음
2	계절	춘(春)	하(夏)	장하(長夏)	추(秋)	동(冬)
3	방위	동(東)	남(南)	중앙	서(西)	북(北)
4	인생	유년(幼年)	청년(靑年)	중년(中年)	장년(長年)	노년(老年)
5	색상	청(靑)	적(赤)	황(黃)	백(白)	흑(黑)
6	자음	ㄱ, ㅋ	ㄴ, ㄷ, ㄹ, ㅌ	ㅇ, ㅎ	ㅅ, ㅈ, ㅊ	ㅁ, ㅂ, ㅍ
7	맛	신맛	쓴맛	단맛	매운맛	짠맛
8	신체	간(肝)	심장	비(鼻)	폐(肺)	신장(腎臟)
9	천간	갑을	병정	무기	경신	임계
10	지지	인묘	사오	진술축미	신유	해자

	오행	목(木)	화(火)	토(土)	금(金)	수(水)
11	마음	인(仁)	예(禮)	신(信)	의(義)	지(知)
12	체내 배출	눈물	땀	침	콧물	오줌
13	숫자	3.8	2.7	5.10	4.9	1.6
14	체성	소양	태양	균형	소음	태음
15	기온	난(暖)	온(溫)	습(濕)	한(寒)	냉(冷)
16	성격	예민	창의	명석	직관	자발
17	형체	직사각. 원통	삼각형	정사각형	원형	물결
18	체위	힘줄	맥	근육	골	피

(4) 제물의 종류에 대한 위치

① 제물을 전체적으로 보아 물기가 없는 것과 습한 음식을 본다면 물은 음이요, 물기가 없는 것은 양이므로 동서가 갈린다.

② 제일 중요한 음식을 신의 위치(북. 음陰)에서부터 가까이 진설하고 중요성에 따라 후식이나 기타 음식은 멀리하여 (남. 양陽) 진설한다.

③ 어두운 밤은 음양(陰陽) 중 음이므로 검은색이다. 음과 상반되는 양의 붉은색은 신이 싫어할 수밖에 없다. 이로써 양(陽)인 붉은색은 피한다. 사과는 과일이나 홍색으로 동쪽에 위치한다. 단지 신을 쫓아내기 위한 제사라면 즉 굿이나, 악귀를 쫓는 행사를 할 때는 붉은 음식을 사용한다(붉은 팥). 제사상에는 고춧가루를 사용하지 않는 원인이다.

④ 각가지 음식은 다음과 같이 구분한다.

동(東)	서(西)	동(東)	서(西)	동(東)	서(西)	동(東)	서(西)	동(東)	서(西)
건(乾)	습(濕)	머리	꼬리	어(魚)	육(肉)	적색	백색	포	식혜
갱(羹)	반(飯)	면(麵)	병(餅)	두(頭)	미(尾)				

그러나 제사에 적용되는 몇 가지를 살펴보기로 한다.

(5) 방위 계산

음양으로 삶을 구분을 하면 산 사람은 양이고 죽은 사람은 음이다. 그래서 북쪽에 신을 모신다. 그러나 부모(父母)나 조상에 제사를 지내는 장소에 따라 벽과 문이 배치되어 있는데 문 쪽이 실제 북쪽이라고 문 쪽에 돌아가신 성함(위패(位牌))이나 사진을 놓고 제사를 지내지를 않는다. 사람이 편하게 할 수 있는 방향을 잡아 제상을 차려 놓고 위패를 모신다. 그러면 위패를 모신 방향은 북쪽이라고 하고 상석이며, 위패가 있는 자리에서 보면 왼쪽이 동쪽이고, 상대편 쪽은 남쪽이 되고, 오른쪽은 서쪽이 된다. 그러므로 위패가 있는 북쪽의 위치에서 보면 실제로 해가 뜨는 것으로 생각하여 계산해 보면 방향은 결정이 되었다. 제사를 지낼 때는 행사의 핵심이 신이기에 신의 위치를 기준으로 설명하고, 부득이할 경우에는 어느 곳에서 어느 쪽이라는 위치를 설명한다. 그러므로 북쪽에서 남쪽을 향하여 음양으로 계산하여 보면, 제사 지내는 남자는 양이기에 동쪽인 왼쪽에 위치하고 여자는 오른쪽에 위치를 정한다. 상례 일 경우는 차마 인정하지 못하는 바 반대로 한다.

11. 제사의 절차

제사는 신이 앞에 모시는 것이므로 마치 모시는 조상이나 신을 앞에 보이는 것과 같이 생각하고 행하여야 한다.

존경하는 마음으로 몸과 마음을 가지런히 다듬는다. 이러한 행위는 제사 직전에 관세 위에서 물로 손을 닦고, 궁궐 입구에 근 천을 지나고, 사찰 입구에서는 세심천(洗心川)을 지나고, 능의 입구에도 내를 지난다.

① 기제사인 경우 돌아가시기 전의 시간을 택한다.

② 제사를 지내는 시간은 해가 진 밤에 이루어지므로 낮에 행한다고 하더라도 촛불을 밝혀야 한다.

③ 먼저 촛불을 밝히고 위패를 연다. 신을 모시는 절차를 시작하기 때문에 향을 피워 공간(하늘)에 흩어진 영혼(靈魂)과 땅인 자연으로 되돌아간 육체의 체(體)의 기운을 모시는 술을 땅에 교화하면서 신이 오신 것으로 여기며 모두 인사의 큰절을 한다. 실내에서는 땅에 술을 부을 수가 없으므로 퇴줏그릇에 넣는다.

④ 보통 돌아가신 날을 기리는 기제사에는 3잔을 올리고 설날과 추석은 한 잔씩 올린다.

⑤ 제사를 모시는 순위는 윗대부터 4대(고조부모, 증조부모, 조부모, 부모)부터 시작하는 것이 일반적이다.

⑥ 첫 잔을 올린 후에는 모두 무릎을 꿇고 신께 금일의 사연을 고(告)한다. 이것을 일반적으로 축문이라 한다. 축문에는 신에게

행사의 날자, 장소, 시간, 누가, 누구와 함께, 제사 지내는 사연, 바라는 사항, 등을 한자로 지어서 한자음 그대로 읽으나, 요즈음은 한글로 적어서 다 함께 듣도록 낭독하기도 한다. 이 기회로서 참석한 사람들에게 훈계하는 계기가 되기도 한다.

⑦ 제례에는 음복이라는 절차를 거쳐 제사가 끝나기 직전에 신에게 올렸던 술을 신의 앞에서 마심으로써 신과 소통하는 절차이므로 중요하다 하겠다. 그러므로 제사에 사용하는 술은 좋은 술로서 신과 소통하는 절차이다. 또한 제사가 끝난 후에 음식을 함께 한다는 것은 음식을 먹을 수 있게 된 이유가 신이기 때문에 감사한 마음으로 먹는 사람과 소통을 같이하여 서로 이해하고 좋은 방향으로 나아갈 수 있는 기회를 유도한다.

⑧ 위패를 닫거나 불태우는 절차(망예례望瘞禮)는 신과 다시 거리를 두는 단계이므로 직전에 모두 작별 인사의 큰절을 한다.

⑨ 제사 후 음식을 함께 먹는 것은 제사의 절차에는 속한다고 볼 수는 없으나 하나의 단체라는 개념은 우애를 다지며 조상이나 신에 관한 이야기를 나누고, 친목을 다지며, 화합하며, 대화할 수 있는 계기가 되므로 매우 중요하다고 할 수 있겠다.

12. 제사를 지내는 태도

(1) 선생(先生)의 태도

제주들은 의복은 단정하게 하고 몸을 깨끗하게 유지한다. 경건한 마음으로 행사한다. 인간은 신이 보이지 않지만 신은 제주들을 보고 있다는 것이기 때문에 거만하지 않으며 정성을 다해야 한다.

이러한 행동들은 신이 보이지 않는 것 같지만 곧 그의 영향이 자신에게 미친다는 것을 염두에 두어야 한다. 자신이 조상에 대하여 소홀한 태도는 곧 자식들이 그것을 배우고 자식 역시 어른들의 태도를 장단점을 가리지 않고 따라서 행하기 때문이다.

이것은 곧 부모가 선생이다. 선생은 먼저 태어났다는 뜻이다. 먼저 태어나 각가지 경험을 겪고 먹는 것과 못 먹는 것을 구별하고 먹을 것을 장만하기 위한 것을 각가지 방법을 경험과 선인들을 통하여 지식을 알게 되었다. 고대의 글을 모르던 국민은 어른이 있어야 농경하는 방법을 알고 작물을 심고 거두는 시기인 계절이 철을 알 수가 있었다. 어른이 없다면 한 두 번의 실패를 본 후에야 자신이 파악하고 제대로 수확할 수가 있을 것이다. 이에 대하여 "철모르는 아이"라는 속담도 만들어졌다.

맹자가 자식을 위해 세 번이나 이사를 갔다 함은 현대인들이 생각해 볼 문제이다. 선생이 도둑질한다면 제자들도 도둑을 배울 것이고, 선생이 수영을 잘 치면 제자도 수영을 잘 칠 것이다. 이는 제자가 아닌 자녀라고 해도 좋을 것이다. 부모의 직업은 자녀에게 가르쳐 주지 않아도 은연중에 배우게 되어 직업을 계승하게 되는 격이다. 농사, 도자기, 고기잡이, 온갖 직업은 부모로부터 보아 왔기 때문에 이어받는 것이다. 남에게 배우지 않아도 반은 이미 배운 것이 되기 때문이다.

고대에서는 부모는 자식에게 기본적인 것을 가르치다가 한계에 도달하면 마을에서 신임받는 사람에게 글이나 지식을 배웠고, 나아가 현인(賢人)을 찾아 배우게 되었다. 현인들도 옛 성인인 선생들의 생활 모습과 그들이 남겨 놓은 지식을 배우게 된다. 그 지식은 돈을 버는 방법을 배운 것이 아니라 생활하는 방법을 배운 것이다.

그러나 현대에 이르러 누구나 글자를 알게 되었고, 각종 서적을 통하여 농사법이나 사회의 경험을 미리 알 수가 있게 되었고, 모두 전문적인 학교에 다녀서 지식인이 되었다고는 하나 사회생활의 면모를 배우는 것이 아니라 돈 버는 방법을 위주로 배우고 있다. 인생에 있어서 돈이면 모든 일을 해결할 수가 있기 때문이다. 더욱이 서적을 통하지 않아도 손아귀에 항상 소지한 핸드폰을 찍기만 하면 바로 어떠한 지식이라도 얻을 수가 있으니 어른에게 얻을 수 있는 정보는 있을 수가 없으며, 어른은 오히려 젊은 사람에게 지식을 알게 되었다. 이제 젊었어도 전문적인 지식을 배웠다면 선생이다.

먼저 태어난 후 경험을 통한 지식보다 글을 통하여 이론상으로 전문인이 되었다는 것이 현재의 선생이 되었다.

그러나 사회생활의 도덕적인 기본개념은 변하지 않았으며, 기본개념은 논어(論語)에 기록이 되어 있음은 2000년이 지났어도 변하지 않고 인정을 받는 책이기 때문이다.

(2) 반성의 태도

일반적인 제사인 경우에는 신과 소통하려는 마음은 그의 뜻을 이해하고 본받으려는 마음이다. 그러나 천재지변으로 인하여 자신에게 위해를 가하여 생명에 위협을 가하여 왔을 경우 신에게 원하는 바를 청(請)하면서 제사를 지낸다. 그러나 신은 말을 하지 않기 때문에 자신이 자기 잘못을 파악하여야 하고, 반성하여 다시는 같은 잘못을 하지 않겠노라고 다짐하여야 한다. 그러나 자신의 잘못은 자신이 평가하여야 하기 때문에 자신이 왕이고, 자신이 신이며, 자신이 하느님 아들이라는 착각을 하게 되어 폭군이 되는 것이다.

그러나 나의 얼굴은 내가 볼 수가 없듯이 나의 행동은 남이 평가를 하는 것이고, 남이 지적하여 주는 사항을 귀담아들어야 한다는 것이다. 이는 고대부터 내려오는 화상에서도 볼 수가 있다. 부처님의 귀는 크고, 왕의 귀는 크고, 성인들의 귀는 크며, 성인(聖人)의 글자를 쓰더라도 입 구(口)자 보다는 귀 이(耳)자를 먼저 쓰고 크게 쓰는 이치이다.

(3) 마음의 태도

당일 상가의 조문, 병문안 등은 경건한 마음이 손상되기 쉬우므로 피하는 것이 좋다. 이는 제사를 지내기 이전에 세수하여 몸과 마음을 청결하게 하면서 깨끗하고 순수한 마음으로 모시는 신의 심성을 자신에게 받아들이겠다는 자세가 필요하다. 주위가 산만하고 공부하려는 자세가 흐트러진다면 선생의 말씀이 귀에 들어온다 한들 기억에 남는 것이 없다.

(4) 정성의 태도

음식은 많이 차리는 것보다는 정성이 우선 된다. 자연의 이치, 인체의 의술, 등의 과학이 발달하여 신이라는 말이 점차 없어지기는 하지만 아직도 거대한 자연의 재앙, 우연하게 일어나는 행운과 사고, 등은 인간의 힘으로 조정할 수가 없어서 바람 사항을 신에게 의지하고 있다. 이러한 자세는 인간이 예의를 스스로 갖추게 되는 계기가 되고, 올바른 생활이 될 수 있는 기초가 된다. 예(禮)라는 한자는 풍성한 곡식을 높은 그릇에 보이는 제사와 관련이 된 글자이다. 무엇인가 마음에서 생기는 바램사항이 이루어지기를 기대하면서 불교에서는 기원(祈願)하고, 그리스도교는 기도(祈禱)하고 유교에서는 제사(祭祀)라고 신에게 표하는 형식이다. 종교마다 형식은 다르지만 바라는 마음속으로 희망하고 주문을 하는 것이다. 인간의 눈에 보이지 않는 신은 자신을 항상 보고 있으므로 신에게 은덕을 입으려면 자신이 보이지 않는다고 해서 불경(不敬)한 태도를 보여서는 안 되며, 신이 항상 자신을 보고 있음을 생각하고 존경한 자세와 마음으로 임해야 할 것이다.

(5) 소통의 태도

(제물의 음식) 제사의 음식을 맛있게 하면 서로 나누어 먹는다. 고대에서는 제사가 끝난 후 오가는 국민이 모두 먹었던 것으로 그날만이 맛있는 음식을 풍부하게 먹을 수가 있었다. 이것은 제사를 얼마나 잘 지냈는가를 판가름하는 척도가 되었다. 제주가 되는 왕, 고을의 수장, 집주인, 등은 음식과 술을 대접하면서 대화하면서 소통의 기회를 만든다. 근대의 어린 시절 "누구네 제사 지내나 마나!" "누구네 잔치 해나 마나!"라는 말이 있었다. 이것은 제사나 잔치를 행사한 후 나누어 먹지 않았던가 맛이 없던 가의 손님 대접을 제대로 하지 않았던 결과이기 때문이다. 이에 따라 그의 가정에는 인심을 얻었고, 대우받을 수 있는 가정으로 인정받을 수가 있어 가정은 흥할 수가 있는 조건을 갖출 수가 있다. 설령 손님 대접을 잘 못하였다던가 맛이 없었더라면 인심을 얻지 못하고, 도리어 남모르는 위해를 가 할 수 있는 소지가 있던 것이다. 이것은 즉 가정이 흥(興) 하는가 아닌가를 판가름하는 중요한 행사이다.

현대에 이르러서도 행사를 한 후 식사 맛있게 먹으면 그만큼 재미있고, 기분이 좋은 대화가 오갈 것이고, 별로 먹을 것도 없다면 대화는 곧바로 끝이 나고, 오가는 정은 없어 질 것이며, 싸운 집처럼 되어 소통이 어려워 질 것이며, 생활은 어려워질 것이다. 관의 제삿날이나, 잔치를 한다는 것은 주민들이 모여서 대화를 나누고 술에 취하여 사회의 동정을 알 수 있는 기회도 될 것이다. 이는 과거의 왕이 동정을 살피기 위해 서민(庶民) 복장으로 변장하여 주막

집으로 갔던 이유이기도 하다.

　현대의 가정에서도 행사가 끝난 후 기분 좋게 식사하면서 서로 대화를 나누며 각자의 사생활에 대하여 나누고 서로 상부상조할 수 있는 계기가 마련될 수가 있다는 것이다. 현대의 가정은 자녀와도 대화할 시간이 많지 않기 때문에 이러한 기회를 잘 만드는 것은 매우 중요하다고 할 것이다. 맛있는 음식점이 잘 되는 원인이기도 하다.

(6) 장유유서(長幼有序)

　제사를 지내려면 위 조상부터 지내며, 같은 상차림에서도 어른부터 술잔을 드리는 것이 예의로 생각한다. 이로써 같은 좌석에 앉아도 서열을 지키는 아주 중요한 역할을 한다. 이를 어기면 "버릇없는 놈"이라는 소리도 듣는다.

　한국에서는 어른과 함께 식사하려면 웃어른이 먼저 음식을 먼저 먹기 시작한 후에 아랫사람이 먹는 것을 예의로 알고 있다. 특히 식당에서 가운데 놓인 찌개를 가져갈 때는 누가 먼저 가져갈 것인가는 민감한 사항이다. 이를 지키려고 노력한다. 언제부터인가 아랫사람이 먼저 먹으면 버릇이 없다고 말을 한다. 그러면 이러한 관습은 언제부터 있었으며, 무슨 사연이 있기에 그러한 것이 예의라고 정의가 되어 장유유서라는 자리를 차지하고 있을까?

13. 음식에 대한 예의

(1) 음식에 대한 예의

지방에 따라 먹는 것에는 민감한 사항이다. 일부 국민이 배불리 먹으려고 국민이 굶주림에 허덕여야 하는 것은 통치자로서 용서하기 어렵다. 이것을 통치자들은 종교적으로 해결하려고 노력하였고 종교의 교리에 한 자리를 차지하였다. 동양에서는 유교의 공자 사상을 예의로 자리 잡았으며, 기독교와 이슬람교에서는 정치와 종교는 일치시켰으며 경전에 포함시켰다.

(2) 독살

인간이 살면서 서로 이해하고 음식을 나누면서 아름다운 세상을 살면 얼마나 좋겠는가? 그러나 인간은 동물과 달리 먹고 남으면 보관하였다가 편안한 삶을 찾기 위해 욕심을 내면서 서로 싸움을 하게 된다. 싸움은 확대되면서 전쟁까지 이르게 된다. 상대가 죽지 않으면 자신이 죽어야 하는 절박한 것이 전쟁이다. 전쟁이 이르기 이전에 해결하는 방법은 상대를 급습하여 먼저 죽이는 방법이 있다. 칼, 창, 총 등으로 죽이는 방법은 주위에 위압감을 조성하기도 하고 혹은 상대가 더욱 강할 수가 있기 때문에 실패할 확률이 많다. 그러나 실패하지 않는 방법은 독살이다. 음식에 독을 넣어 먹이는 방법은 표시도 없으며 일단 먹이기만 하면 적중률은 100%에 달한다. 또한 증거도 남지 않는 것이 고대의 가장 쉬운 방법이다.

고대에는 부검하는 것도 어렵고 알기가 어려웠으며 대부분 급체로 기록되어 있으며, 귓속말로 몰래 전하여지는 소문들이었기 때문에 모두 야사(野史)로 전해지고 있다. 선대의 왕을 죽이고 자신이 등극하였다면 바르게 기록하였을까? 정직하게 기술을 한다는 자체는 자신이 국민에게 신의를 잃으면서 통치하기가 어렵게 된다. 그러므로 자신에게 불리한 것을 기록하지 않을 것이며 자신이 잘한 것은 부풀려 기록하여 신의를 높이는 것이 현명한 지도자일 것이다.

(3) 독살당하지 않으려면

음식에 독을 넣는 것은 쉬우나 왕족들에게는 음식을 미리 먹어보는 기미 상궁이 따로 있다고 한다. 그러나 그에게도 매수한다면 속수무책이다. 기미 상궁도 뇌물로서 매수를 할 수가 있고, 전달하는 상궁 또한 매수할 수가 있기 때문이다. 이로써 어른이나 주인이나 상대가 먼저 식사한다면 안전한 음식이라고 판단할 수가 있을 것이다. 이러한 방법은 옛 선비들이 다른 낯선 곳에서 식사를 하기 전에 꼭 지켜야 할 사항이라고 당부를 하였을 것이다. 이는 예의라는 종교적인 방법으로 토착화되었다.

(4) 이슬람교의 돼지고기 금식

이 또한 국민의 공평한 먹거리를 원한다면 돼지고기를 먹는 것을 금지 시켰다. 이슬람교는 아랍지방에서 출발하였다. 그 지역은 건조하여 농작물을 경작하기보다는 동물로부터 흩어진 풀을 뜯어 먹이면서 살아가는 목축이었다. 이들은 이동하면서 건조한 음식을 먹는 것이 일반화되면서 음식의 부패를 방지하였다. 이는 동양의 습한 지역과 대조가 되는 환경이다. 돼지를 먹인다면 사람이 먹는 빵을 주어야 할 것이고 이는 돼지가 먹는 만큼 사람이 굶주려야 할 것이다. 자란 돼지고기는 국민이 먹어야 하는데 이는 부귀한 사람이 2~3인분의 굶주림이 있어야 하는 조건이 필요하다. 나라를 통치하는 자로서 모든 국민이 잘 먹고 살려면 돼지는 없어야 할 존재이다. 이는 아무것이나 먹는 불결한 동물을 먹고 성스러운 교를 믿는다고 금지하는 것이 당연한 처사라고 할 수가 있겠다.

(5) 힌두교의 소고기 금식

힌두교는 인도에서부터 발현된 종교이다. 인도는 북쪽의 높은 산간 지방으로 물이 풍부하여 고대부터 농경(農耕)이 발달 되었다. 소는 이를 경작하기 위하여서는 말 잘 듣고, 힘이 세고, 사람이 못 먹는 풀로 생계를 유지하면서 고기라는 먹거리를 주었다. 그러므로 소는 사람에게 아주 중요한 동물이라고 여겼다. 그래도 사람들은 자신의 마음대로 이루어지지 않는 신을 의지한다. 신에게 의지하려 함은 신이 좋아하는 제물을 주기에 이르렀고, 이는 자신이 중요하다고 여기는 소를 제물로 바치면서 인부에게 고기를 먹이기에 이르렀다. 인부들은 고기를 먹고 더욱 일을 잘하게 되었으며 부자는 더욱 부자가 되기 시작하였다. 이는 소로 제물을 사용하는 횟수가 늘어나게 되었으며 번식력이 강하지 못하는 소는 줄어들기 시작하였다. 결과는 소가 모자라서 소농가(小農家)는 소를 부릴 수가 없으며 소의 개체는 줄어들기 시작하였다. 나라를 이끄는 통치자는 소를 잡지 못하도록 하였으며 종교와 연결해 인도에서는 소는 자신들이 조상이라고 여기면서 금식의 명령을 내릴 수밖에 없을 것이며, 경전에 포함했을 것이다.

(6) 술좌석의 예의

술을 먹는 좌석에서도 다른 곳에서 술을 술잔에 가지고 온 것을 마신다는 것은 독의 여부를 알 수가 없다. 그러므로 상대와 같은 장소에서 보는 앞에서 술을 따르고, 같이 먹는 것이 예의라고 여긴다. 또한 손님에게 술을 권장할 때는 술잔을 손으로 들고 달라는 태도를 보였을 때 술을 따르는 것이 예의라고 할 것이며, 권하는 사람도 같이 마주 보며 마시는 것이 예의라고 할 것이다. 자신은 안 먹고 권장하기만 하는 행위, 다른 곳에서 술잔을 술을 담아와서 권장하는 행위, 싫다고 표현하는데 억지로 권장하는 행위, 자신에게 준 술을 다른 이에게 대리하는 행위, 등들은 독이 있다는 가정을 하여 본다면 예의와 모두 이해가 될 것이다.

(7) 공경을 표현하는 행위

종교마다 예의를 표하는 방법이 다르다. 일반적으로 본다면 몸을 숙이면서 표현을 하는 것이다. 크게 분류한다면 토속신앙, 기독교, 불교로 나눌 수가 있다. 제일 높이에 있는 하늘과 낮은 땅을 향하여 조화를 이룬다. 모두 손은 헤어짐 없이 손바닥 합장하여 하늘과 땅을 교대로 얼마나 하는가는 정성으로 표현한다. 그의 표현으로 고행이 많을수록 자신에게 깨닫는 바는 많으며 명상의 기회는 깊어만 간다. 타인에게 보여 주기 위한 고행이 아니라 자신과의 싸움에서 이기기 위하여 더욱 정진한다. 손에 음식이 없을 때는 하늘 높이 손을 올리고 땅을 딛고 엎드리는 행위가 제일 큰 표현일 것이다. 이러한 행위들은 시대의 흐름과 지도자가 나오면서 표현이 간소화되었다고 볼 수가 있겠다. 아직도 불교에서는 고행의 백배(百拜), 기독교에서는 순례(巡禮), 이슬람교에서는 성지참배(參拜) 등으로 이어지고 있다. 술을 헌수(獻酬)할 때는 인체에서 제일 중요한 머리 쪽에서도 눈과 입과 가슴은 상중하로 구분을 지어서 높이를 조절하여야 할 것이다. 그러므로 술잔을 들어 올렸다가 제상(祭床)에 올린다. 간혹 술잔을 향불 위에 돌리는 사람도 있어 신과 소통한다는 의미가 있을 것 같으나 알 수는 없다.

  이에 대하여 등급 수가 있는데 살아 계신 분에게는 일 배, 운명하신 분에게는 2배, 신에게는 3배, 성인이나 왕께는 4배가 일반적인 상식이라 여길 수가 있겠다.

14. 제사가 후손이나 일반인에게 미치는 영향

(1) 선생의 역할

아이에게 처음의 선생(先生)은 부모이며, 먼저 태어났기 때문에 선생이다. 먹는 방법부터 시작하여, 먹고 못 먹는 것을 가려주고, 남과 소통하는 말, 등을 가르쳐 주지만, 이러한 모든 것을 같이 생활하면서 자연스럽게 보고 배우는 것이다. 선생의 행동이 옳지 않더라도 학생들은 그것을 옳고 그름을 판단할 능력도 없기 때문에 모두 당연히 그대로 받아들인다. 또한 부모가 자식에게 가르침이 부족하거나 못하면 부족한 부분을 존경스러운 이웃 어른 선생한테 의뢰하기도 한다. 가르침의 지식을 최소의 대가를 지불하고 교육받는다. 헌금, 보시(布施), 폐백이 이에 해당된다.

현대에 이르려는 선생이 자격증이라는 것이 있다. 그러나 아이는 선생의 자격이 있는지는 관련이 없다. 선생은 글과 더불어 행동을 가르치지만, 언행까지도 따라서 하는 것이 학생의 배움이다. 곧 가르치는 것보다 시범을 보이는 것이 제일 받아들이기 쉬운 교훈이며 진정한 가르침의 선생이다. 선생들 또한 먼저 선생의 행적을 배웠고, 최종으로는 성현이나 성인의 행적을 배우게 된다.

그렇다면 부모가 부모인 조부모(祖父母)에게 대하는 태도를 그대로 따라 한다고 가정을 하여 보자. 부모가 가르치지 않아도 아이는 부모의 본보기를 따라서 할 뿐이다. 옆으로 가는 것이 그릇된 것이라 할지라도 아이는 옆으로 가는 것이 정답이라고 인식한다.

즉 아버지가 아내를 구타한다면 아들이 커서 아내를 당연히 구타하여야 한다고 인식하면서 행동을 한다는 것이다. 또한 현명한 딸은 시집을 가면 남편에게 구타당할 것을 염려하여 출가를 안 하려는 요인일 수도 있기 때문이다. 부모가 즐겁게 살아간다면 자식도 서로 의지하면서 행복을 희망할 것이기 때문이다.

아버지가 형식적인 제사를 한다고 하지만 조상을 대하는 태도가 공경한 자세가 아닌 농담과 장난삼아 실행한다면 자식 또한 부모를 대하는 태도가 농담과 장난처럼 형식적인 태도로 이어진다는 사실이다.

자신은 부모에게 잘못된 태도를 보이면서 자식은 자신에게 하는 행동이 잘못되었다고 나무라는 격이다. 불교에서는 이것을 윤회라고 하며 속담에는 "콩 심으면 콩이 솟아나고 팥 심은 데 팥이 난다." 부모가 도둑질하면서 살면 자식 또한 도둑이 정당한 직업이 되는 것이 "부전자전"이라는 말과 같다. 노모(老母)를 산속에 버리러 간 아들이 아버지가 늙으면 다시 이 지게를 사용하기 위해 되가져오는 아들을 보고 고려장이 없어졌다는 우화는 되새길만하다.

공자가 생전에 가르친 말을 정리한 논어(論語)의 이인편(里人篇)을 살펴보면, 어느 곳에서 누구와 생활하느냐에 따라 바른 사람으로 성장함을 지적하였고, 맹자의 올바른 성장을 돕기 위해 맹자의 어머니는 3번이나 이사를 하였다는 맹모삼천(孟母三遷)이 유명하다. 비록 자식과 학생에게 잘못이 있다고 생각하는 것은 어른과 선생인 자신에게 잘못된 모범을 보여주었던 결과일 뿐이다. 그러므로 자식이 잘못되었다면 자식의 교육을 잘 못 시켰다고 하면서 대신 사과를 하는 태도는 눈여겨볼 만하다. 부모와 자식, 선생과 학생, 선배와 후배, 교장과 선생, 대통령과 장관, 등이 모두 모범을 보이고, 솔선수범이며 수기치인(修己治人)이라는 용어가 적용되는 사례들이다.

즉 자신은 효도를 안 하면서 자신에게 효도를 하라 하고, 부모라는 권위적인 힘으로 강요하는 격과 같다. 이러한 제사에 대해 행사를 함으로써 가정이나 사회에 미치는 영향이 무엇이 있는지를 살펴본다. 이는 곧 자녀가 커서 부모의 행실을 본받았으며 이를 행하려는 것은 부모에게 불효이다. 이것은 곧 자신에게 해를 끼친다. 이러한 것을 망각하고 보통은 "자식이 왜 이래" "어디서 그런 것을 배웠어?"하며 나무라지만 그것은 본인이 교육을 한 결과일 뿐이다.

(2) 사회단체의 질서와 구심점을 조성한다

나라에서의 왕은 종묘에서 선대왕의 조상을 섬겼으며, 사직(社稷)에서 백성들의 풍성한 먹거리를 위한 하늘과 땅에 제사를 지낸다. 현대에 이르러는 현충원이나 국립묘지에서 예를 갖추는 것과 같은 성격이다. 가정은 자녀들과 직계 조상님께 예를 갖추고, 현대의 국민은 현충원에 가서 국가를 위하여 작고하신 분들께 예의를 갖추며, 종친회는 제일 높은 어른을 위하여 제를 지내면서 화합을 다짐

한다. 혹이나 남의 조상에 곁들여 제를 올리는 때는 없다. 할아버지 제사를 지내려면 그의 자손이 다 참여하는 것과 같다.

(3) 단체 간의 화합의 기회를 가지게 된다

가족들은 돌아가신 조부모의 같은 자녀로서의 구심체이며 조부모의 중심으로 마음이 일치한다. 이로써 함께 사회를 구성한다는 단체가 된다. 제사를 끝내고 맛있는 음식을 나누어 먹을 때는 조상의 이야기, 세상 돌아가는 이야기, 서로 소통할 수 있는 이야기를 나누며 친화될 수가 있고, 어려운 난점이 있다면 서로 공유하고 힘을 합하여 대책도 세울 수 있는 계기가 마련된다. 장래도 이야기함으로써 서로 가까워질 수 있는 소통의 기회가 주어진다. 만약 제사가 없다면 모일 기회도 적고, 같이 식사할 기회도 적어지기 때문이다. 가족, 마을, 국가, 등에서도 동등한 역할을 한다. 설령 맛이 없는 음식을 장만하였다면 서로 기분이 상할 것이며, 먹지도 않을 것이며, 자리를 마주한다고 해도 긴 이야기도 없을 것이다. 현 사회에서 조상들을 한 번에 제사를 지낸다는 간편함을 주장하기도 한다. 그러나 가족이 모일 기회는 적다. 명절이나 제사는 우리의 가족들이 모일 수 있는 기회이며 그중 제사는 핵심적인 활동 요소이다. 년 중 모일 수 있는 기회가 많다는 것은 그만큼 친목을 다질 수 있는 기회가 주어지는 것이며, 강제가 아닌 자연스러운 모임이다. 모임은 서로의 고충과 정보와 행복을 공유하면서 삶의 질을 향상시킬 수 있는 분위기가 조성되기 때문이다. 혹

모형 음식을 놓고 제사를 지냈다고 한다면 제사 후 함께 모여 식사하면서 대화할 시간이 얼마나 되겠는가? 정성이 담긴 음식은 맛이 있을 것이고, 그에 대한 분위기가 좋아질 확률이 높을 것이다. 맛이 없는 음식을 장만하였다면 식사 시간이 짧을 것이고 모여 있는 시간이 짧다는 것은 대화가 적은 것이며 대화가 적거나 없다는 것은 소통이 적다는 것이며 불화로 이어지기 쉽다는 것이다. 이것은 가정에서 식구들이 모여서 식사하는가 아니면 각자가 하는가에 따라 집안 분위기가 좋은가를 가름해보는데 그것은 대화가 얼마나 있었는가를 의미하기도 하기 때문이다.

고대에도 나라에 제사를 지낸 후 국민이 음식을 나누어 먹을 수가 있음을 알 수가 있다. 이때 수장들은 그들의 오가는 이야기를 듣고 나라에 무엇이 문제가 있으며, 자신의 잘 잘못을 파악하여 그에 대한 대책을 마련하여 평탄한 정치를 하였다는 이야기이다.
현시대에는 서로 경쟁하는 시대이므로 모두 바빠서 식구들과도 만날 기회도 적다. 만나는 날을 따져 본다면 좋은 일로 인한 잔치, 생일, 등이 있다. 나쁜 일이라면 지인이나 친척 간에 흉사인 초상과 사고나 질병에 관한 일이다. 이 같은 원인으로 만난다면 올바른 토론을 할 기회가 없다. 단지 조상의 제사나 명절 등에서는 자유롭게 토론하고 소통할 기회를 만들 수가 있다. 명절 추석에도 만나는 가장 핵심적인 것은 제사이기 때문이다.

(4) 자아 반성의 기회를 얻는다

일반적으로 천재지변으로 이어지는 현상에 대하여 천벌(天罰)을 받는다고 하고, 적당한 시기에 비가 오면 축복(祝福)받는다고 한다. "제가 무슨 잘못이 있어서 벌을 내리나이까?" 하면서 기우제, 살풀이 굿, 등의 제사를 지낸다. 우연한 기회에 좋은 일이 있으면, 신으로부터 칭찬을 받은 것이고, 나쁜 일이 일어났다면, 벌을 받은 것으로 생각한다. 그러나 무엇 때문에 칭찬받고, 무엇 때문에 벌을 받았다는 것은 각자의 생각이다. 이는 자신이 생각하여야 하고 자신이 판단할 일이다. 이렇게 자기 모습을 되돌아보는 것을 반성(反省)이라고 한다. 좋은 일이나 나쁜 일을 당하였을 때 신에게 의지하며 원망하고 한탄하고, 감사의 표시를 하는 것 뿐만이 아니다. 제사를 통하여 자신을 반성하여 좋은 점은 더욱 확대 장려하고, 나쁜 점은 절제하려는 다짐을 신에게 약속하는 것은 좋은 현상이라 하겠다. 무신(巫神)들은 신과 소통한다고 하여 잘못됨을 지적하여 주면서 올바른 자세를 지적하고 그의 대처 방안을 슬기롭게 대처할 방법을 제시하여 주는 것은 장점이라 할 수가 있다.

III. 결론

제사는 부모, 천지, 자연과 호흡하며 자연의 이치를 따르려는 순종의 역할이며 후세에게 가르치는 시범적인 교훈이다. 그러므로 제사는 예의를 배우는 제일 기본적인 연습 행동이다. 그로서 질서를 지키며, 풍요로운 생활을 살고자 하는 자녀들에게 산교육의 압축된 연습장이라고 볼 수가 있다.

참고 문헌

"세종교 이야기": 홍익희 지음, 2014
"사례편람": 김정 지음. 한국전통예절 연구원.2010
안성향교지 : 2007년 편찬
석전 의례교육 교재 : 사단법인 석전대제 보존회 지음 2019
왕초보 사주학 : 남월 박주현 지음. 1995
만능만세력 : 한중수 저. 2005
세계의 종교 : 안신, 류성민 공저. 2014
대학철학 : 건국대 교재편찬위원회.1985

제5장

효 박물관 건립 제안 설명서

효를 가르치려면
자녀들과 함께 어울리며
자연스럽게 습득하기 위하여
효 박물관이 필요하다고 할 것이다.
그리고 체험을 하고
자신이 체득할 수 있는
기회를 일깨워 줄 필요성이 있겠다

서문

효를 가르치려면 자녀들과 함께 어울리며 자연스럽게 습득하기 위하여 효 박물관이 필요하다고 할 것이다. 그리고 체험을 하고 자신이 체득할 수 있는 기회를 일깨워 줄 필요성이 있겠다.

과학의 시대를 맞이하여 사람의 육체적 치료하는 병원은 부지기수로 많지만, 정신을 치료하는 병원으로 얼마나 있던가?

다음은 효 박물관에서 거쳐야 할 종류를 나열하여 보았다.

1. 효란 무엇인가?

(1) 효(孝)

모두 자식을 살리기 위하여 자신의 몸을 버리기까지 하는 조건 없는 사랑을 하고 있다. 자식이 없다면 대를 이어나가지 못하고 공룡과 같이 종속이 사라질 수밖에 없다. 그러나 인간은 효도라는 정이 한 단계 더 있다. 일부 동물들의 단계를 살펴보면 동물들은 아버지를 모르고 어머니는 알고 있다. 모유를 먹으면서 어머니에 대한 개념이 생긴다. 한 단계 더 나아가 본다면 어미로부터 얻어 먹을 젖이 나오지 않는다면 새끼로 흩어진다는 것이다. 현 우리의 세상이 부모로부터 얻을 재산이 없다고 효를 게을리 한다면 동물과 무엇이 다르다 할 것인가? 우리의 인간도 처음에는 어미가 죽으면 들판에 버렸지만 동물이 시신을 먹는 것을 보고 돌을 덮는 것을 시작으로 탑이 생기고 산소가 생겼다는 것이다. 그 한 단계를 지나 인간은 어려운 고초를 겪을 때에 어미는 어떻게 대처를 하였을까 생각하고 어미와 같은 행동을 하여 어려운 처지를 헤쳐 나갈 수가 있다는 것이다. 이는 어미를 보고 따라서 행동하는 것은 본보기이며 어미의 행동은 매우 중요하다고 생각 할 것이다. 이는 어미를 중요하게 생각하였고, 한 단계씩 더 깊이 생각하여 본다면, 함께 돌봐준 아비를, 할아버지를, 나아가 조상, 선조, 선비, 성인, 조물주까지 역사에 이르게 되는 것이다.

부모로부터 겪은 경험이 자식에게 또는 가까운 사람에게 일깨워주었다. 이것은 인간이 글이라는 암호를 만들어 많은 사람이 공유를 하고, 대대로 이어나가서 다시는 실패가 없도록 인도하는 자세가 특별하다 하겠다. 이것을 우리들은 역사라고하고 하며, 지난 과거를 배우니 우리들은 사회생활의 의술, 과학, 정치, 농업, 등의 모든 과거를 배우는 것이다. 좋은 점은 계속 확장 장려하고, 하나의 실패는 실패로 보지 않고, 그것을 반성하고, 개선하여 좋은 대책을 세우는 것이 발전하는 기본자세이다. 그러므로 반성하는 자세가 없다는 것은 같은 실패를 연속할 수뿐이 없다. 자신이 실패를 하여 타인이 야단을 치고, 또는 매로서 때리고, 나아가 싸움을 하고, 나아가 전쟁을 하는 이유가 모두 소통의 부재이고, 반성이 부족한 원이라고 단정한다. (논어 술이편 3인행 필유아사언 3人行 必有我師焉)이러한 교훈은 역사에도 많은 문서로서 이어져왔다. 그것을 배우지 않고, 자신이 생각하는 것이 정답이라고 생각하는 고지식한 것은 항상 대립의 근본적인 씨앗이다.(논어 학이편 학이시습지..,學而時習知)

필자도 이것이 맞을 것이라고 주장한다는 자체도 이해를 못하는 타인에게는 불씨의 대상인 것이다. 이것이 역사인식의 부족이고, 덜 여문 곡식이고, 해가 지나면서 부자연스러워 지고, 노화되는 육체를 감지됨을 볼 때에 인생이 얼마 남지 않았다고 인식하기 때문에 일어나는 불안감으로 여운을 남기고자하는 욕심이다.

(2) 제사(祭祀)
이러한 역사의 기본은 효로부터 이어졌고, 효의 씨앗(깨달음의 시초로 인간과 동식물과 같이 번식을 하면서 삶의 이치로 보기 때문에 생기는 근본을 씨앗으로 표기하는 단어)은 어미로부터 시작된 것이기 때문이다. 그러므로 어미를 항상 생각하는 자세는 나의 발전이기 때문에 그 어미, 아비, 조상, 나아가 모든 신에 고마움을 표하고, 숭상하고, 반성하는 제사를 지내는 것이다. 그러므로 옛 학문을 배우는 곳이면 반듯이 제사를 지내는 공간이 있었으며, 실천의 시작이 정성을 깃들인 제사이고, 역사의 존중이라 하겠다. 우리의 현 시국에서도 현충원이나 종묘, 궁궐, 사찰, 성당, 등의 모든 곳에서 고마움과 반성의 자세를 생각하는 장소라고 볼 수가 있다

현제 우리가 사는 세상은 자신의 의지로 핸드폰의 지식에 의지하여 살아가고 있으므로 부모에 대한 효는 옛날 사람들이나 하는 것이라고 하는 사람이 많아지고 있다. 이에 따라 부모의 필요성이 없어지고, 되돌아 자신을 생각하여보면, 자신도 자식의 필요성도 없어지고 차후 자식은 자신의 인생에 도움이 될 수가 없다는 생각에 과학의 힘으로 산아제한이 이어졌으며, 인구가 줄어드는 현상까지 다가 왔다. 이는 자신이 빠른 정보로서 부모에 의지하는 마음이 없어지고, 부모보다 자신이 우월하다는 헛된 감각이기 때문이다.

부모의 입장에서 생각하여보면 세상이 빠르게 돌아가는 컴퓨터 시대에서 컴퓨터를 모르고 밀려오는 정보의 습득하지 못하고 신세대와 정보의 격차가 생겨나면서 대화가 적어지니 세대차이가 난다고 할 것이다. 얼마 남지 않은 인생 배워 본들 무엇에 사용 할 것인가를 생각한다면 조용히 자연으로 돌아 갈 것을 대비하는 것이다. 그러나 가기는 싫고, 현시대를 적응하기는 싫고, 몸이 점점 약해지는 것을 감지한다면 어찌할 것인가? 아파서 병원에 가서 치료하고 연명을 한다한들 얼마나 지속이 될 것인가? 살 때까지는 산다고 막연하게 다짐을 한다. 그러나 죽음은 막을 수가 없는 것처럼 태어 날 때에 태어나고 싶어서 태어난 것이 아니거늘 죽고

싶다하여 죽는 것 또한 못할 것이 아니겠는가? 사는 동안은 최선을 다해 행복을 찾아 조그마한 좋음도 확대 행복하다고 느낀다면 마음 편하고 스트레스가 적어 마음에 병이 적고, 아울러 몸도 좋아지지 않을까?

마음이 어찌하느냐에 따라 몸은 움직이니 몸은 마음음의 종이요, 노예이며, 어떤 이는 감옥이라고 표현을 하는 이유이다.

정보를 얼마나 빨리 입수하는가는 성공의 좌우를 판가름한다지만 정보를 인터넷에 올리는 것도 사람이 하는 것이다. 그 사람들 중에도 필자와 같이 생각하고, 연구하고, 글로 옮기고 있지만 그로 표현을 못하는 것이 얼마나 많던가? 뜨겁고, 아프고, 고달픈 여러 가지를 경험을 통하지 않고, 어찌 한마디로 알 수가 있단 말인가?

사람이 태어나면서 제일 먼저 접하는 인간관계는 부모이며 이 관계는 끊을 수가 없어 천륜(天倫)이라고 한다. 모든 동식물들이나 사람까지도 부모가 있으며, 모든 사람이 이러한 관계를 거쳐 가족을 이루며, 어린아이도 어른이 되어가고, 부모가 되는 과정을 거치게 되면서 인류가 지속되었다. 이러한 현상으로 인하여 모든 식물이나 동물이나 사람도 사랑으로서 자식을 키우면서 대를 이어져 가고 있다. 그러므로 옛 학문을 배우기 전에 "사자소학(四字小學)"을 통하여 효를 배웠던 것이다.

(3) 은혜의 보답하기

부모의 은혜를 어떻게 갚겠느냐만 잊지 않고 오래 기억하는 것만이 유일한 목적이라 하겠다. 하늘에게 땅에게, 또는 모든 신에게 감사를 드리면서 은혜에 보답하는 마음을 표현하기 위하여 제사를 지내는 이치이다.

(4) 조건 없는 사랑

부모가 어른들에게 베푸는 것은 너무나 당연하다. 그러나 자녀에게 대접을 바란다면 그것은 사랑이 아니다. 그것은 조건이 달려 있기 때문에 사랑이라고 볼 수가 없고 거래라고 할 수가 있다. 현 시대에는 "내가 너를 어떻게 키웠는데 이렇게 대할 수가 있느냐?" 하고 묻는다는 것은 거래를 하자는 것이다. 이러한 조건으로 생각하려다 보니 자녀를 많이 낳을 필요성도 없으며, 고생스럽게 많이 낳을 마음이 없는 것이다.

자녀에 대한 사랑은 조건이 붙어서는 안 된다. 또한 부모에게도 서운하였던 일이 있으니 은혜를 갚을 수가 없다는 것은 단순한 거래일뿐이다. 자신이 태어남이 부모의 은덕이라 생각한다면 잠시라도 소홀이 할 수가 없는 것이다. 그러므로 자녀는 적게 낳고 결혼 할 이유까지 따지면서 홀로 사는 경우가 생기게 되었다. 이로서 인구는 줄어들고 외국에서 유입되는 인구는 점점 증가되면서 이제 단일민족이라는 개념까지 위협을 받고 있다. 국민 없는 나라는 존재할 가치까지 없어지게 되는 현상이기 때문이다.

2. 고전 교육의 목적 알리기

고전 교육의 목적은 잘못을 되풀이 되지 않기를 위함이요, 잘한 것은 계속 확장하여 장려하기 위함이다. 이것을 고전에서는 "온고이지신(溫故而知新)"이라고 한다. 현 시대가 잘되어 가는지, 잘 못되어 가는지는 현 상태에서는 알기가 어렵다. 지나간 후에 결과가 평가하는 것이 일반적이다. 그러나 과거에도 현 상황과 똑 같지는 않지만 흡사한 일들이 계속 반복하는 것이다. 모든 배움이란 과거를 모습들을 배우는 것이고, 그 바탕으로 의술, 과학, 농업, 사업, 정치 등이 조금씩 장점을 골라 성장하는 것이 역사이다. 부분적으로 구체적으로 살펴보자.

(1) 가정

아이였을 때에는 부모가 선조들에게 들었던 이야기와 경험을 통하여 장단점을 골라 자녀에게 권유하고 제지하는 것이 부모의 역할이었다. 부모님이 모르는 바는 지방의 스승에게 사는 방법을 맡겼으며, 스승은 지나간 역대 성현 나아가 성인들의 행적을 배우고 전수하는 것이다. 역사를 얼마나 잘 알고 그 바탕으로 실천을 하는 것을 수기(修己)라고 한다. 부모는 역사의 첫 걸음이다.

(2) 사회

역사가 없는 현장은 없고, 역사를 무시하는 단체도 있을 수가 없다.

(3) 교육
모든 과목이 분리를 하였지만 그 모두가 역사를 바탕으로 이루어진 미래의 설계를 배우는 것이다. 현대에는 컴퓨터로 단 답 형식으로 알 수가 있지만, 역사의 배경을 모르고서는 편중된 교육이 될 수밖에 없다.

(4) 풍속
모든 만물이 부모가 없는 종자는 없으며, 그의 종을 닮아 번식하는 것은 자연의 섭리이다.

3. 효의 필요성 저하의 결정적인 원인은 무엇인가?

(1) 컴퓨터로 급 발전하는 시대
컴퓨터로 인하여 부모의 역할은 전무한 상태이며 유산이나 받는 형식으로 전락하고 있다.

(2) 노인들의 배움 포기
기성세대는 빠른 발전을 따라 가기 어렵다. 얼마 남지 않은 인생 사용할 시간도 넉넉하지 않고 골치 아픈 컴퓨터를 배우려하지 않는 경향이다.

4. 효가 쇠퇴해진 결과 오늘날의 부작용들은 무엇이 있는가?

(1) 가정

부모는 다자녀를 낳으라는 권고는 물론 결혼을 하라고 권하지도 못한다. 권한다면 그 후 집에도 오지 않는 현상까지 나타나기 때문이다. 그러므로 가정이란 개념이 점차 희박하여지고 있다. 이것은 가정에서 꼭 이루었던 부모의 제사가 생략되는 과정에서부터 시작된다. 가정이라는 개념이 모여서 서로의 고충을 털어 놓고, 좋은 점들은 서로 나누면서 화목을 이루는 기회가 적어 졌다는 것이다. 추석, 명절, 부모, 조부, 고조부, 등의 제사가 생략되면 될수록 모이는 기회는 적어지기 때문이다. 많으면 많을수록 대화는 많아지고 소통하면서 가까워지는 이치이다.

(2) 사회

조선의 유교가 희박하여지면서 모든 사회는 경쟁사회로 이어졌으며 사이좋은 사회는 머나먼 옛이야기이고 뜬 구름 잡는 이상의 세계로만 바라보고 있다. 그러므로 남의 잘한 것은 칭찬하지 못하고 1%의 허점을 잡아 끌어내려야 자신이 올라서려는 경향이 짙어졌다. 그러므로 고소 고발은 만연되었다. 국민의 극소수가 민원을 제기하면 그것을 수용하게 되는 사회로 전락 되었다. 나의 이익을 추구하려는 자세이기 때문이다. 나의 중심으로 나만의 세상인"나쁜 사람"들로 전락 되었다.

(3) 교육

학생들에게 선생의 소신으로 가르치지 못한다. 이는 고발에 의한 민원 때문이며 이를 두둔하는 법 제도이기 때문이다.

(4) 풍속

부모와 별도로 산다는 것은 일반화 되었다. 제사가 변화되어 간소화 되어가고 있다. 가족이 모이는 숫자가 줄어 든다함은 가정의 파괴 직전인 것이다. 남을 끌어내리는 풍조와 남의 잘못을 배려하여 주지 못하고, 고소 고발로 전개되고 있다.

5. 효의 탐구 발전확대

자신이 태어난 부모의 처지와 부모의 모든 것을 알게 된다면 할아버지, 증조부 고조부, 등으로 확대되며, 나아가 선대 조상을 알게 되고, 나아가, 뿌리를 찾아보게 된다. 있다는 자체를 알게 되면 점차 부모가 무엇을 하였는가? 어떻게 하였는가? 그러면 나는 어떻게 해야지!

이 모든 것이 역사를 알게 되고 나아가 왕의 행적이요, 세계의 역사와 견주어보는 태도로 이어진다. 이로서 기초가 되는 것이 부모이며 효인 것이다.

옛 학문과 종교로 보는 효의 지식들을 살펴본다.

(1) 논어 학이편 1장

학이시습지불역열호(學而時習之不亦說乎)

붕우자원방래불역락호(朋友自遠方來不亦樂乎)

인부지이불온군자호(人不知而不溫君子乎)

배우고 때에 맞추어 생활에 적용을 하니 기쁘지 아니한가?

먼 곳에서도 제자들이 배우려고 찾아오니 이에 답하려고 자신은 더욱 공부를 하게 되니 기쁘지 아니한가?

다른 사람이 나를 알아주지 않아도 화가 나지 않으니 이것이 군자가 아니겠는가?

(2) 논어 학이편 제2장

유자왈 기위인야효제 이호범상자선의

(有子曰 其爲人也孝弟 而好犯上者鮮矣)

불호범상 이호작란자미지유야

(不好犯上 而好作亂者未之有也)

군자무본 본입이도생

(君子務本 本立而道生)

효제야자 기위인지본여

(孝弟也者 其爲仁之本與)

유자가 말했다.

부모에게 효도하고 형제간에 우애있는 사람이 윗사람에게 불손한 사람은 거의 없다.

윗사람에게 불손하지 않으면서 말썽을 일으키는 사람도 찾아보기 힘들다.

군자는 근본에 힘써야한다. 근본이 바로서면 사회 생활하는 방법을 알 수가 있다.

> 해석 : 인간이 살아가는 최소 단체는 가족이다. 가족은 부모와 형제로 형성이 되었으므로 함께 어울림은 생사고락을 같이하는 사람들이다. 가족끼리 서로 화목하게 무슨 일을 추진한다면 제일 어른인 부모나 할아버지의 중심으로 그의 뜻을 따른다면 일사분란하게 일을 처리할 수가 있다. 그러나 자식이 부모의 뜻을 어긴다면 가족은 분란이 일어나며 가족은 헤어 질 수도 있다. 이와 같이 가정에 충실한자가 밖으로 나아가 지도자의 통솔에 호응하여 사회에서 소통이 잘 된다는 뜻이다. 이것이 효이며 효를 못하는 사람이 남을 공경하기가 어렵다는 이야기이다.
> 이는 고전 "대학"이라는 과목에서 "제가 치국 천평하 (齊家 治國 天平下)"라는 글에도 나타나 있다. 천하를 잘 이끌려면 먼저 지방을 잘 다스려야하고, 지방을 잘 다스리려면 먼저 가족을 잘 이끌어야한다.

그러므로 부모에 효도하고 서로 공경하는 것이야 말로 사회생활의 근본이다.

(3) 논어 학이편 6장
자왈제자입즉자 출즉제 근이신 범애중 이친인 행유여력 즉이학문
(子曰弟子入則孝 出則弟 謹而信 汎愛衆 而親仁 行有餘力 則以學文)

공자가 말했다. 어린이는 들어와서 효도하고 나가서는 공경하고, 미덥게 하며, 어진사람과 친해야 된다. 이를 행하고 남음이 있다면 학문을 하여야 한다.

해석 : 가정에서는 효도를 하고, 형제간에 우애로 서로 믿음이 있게 생활하여야 한다. 그러므로 사회에 나아가 믿음직한 생활을 하면서 직장 생활에서나 사회에서 알아주는 인사가 되기 쉽다는 이야기이다. 이로서 남들과 믿음으로 잘 어울리며, 남을 친하게 됨이 사회에 성공한 사람이다. 그러한 사람은 학문을 배우기 좋아하는 사람이다. 옛 학문은 현대와 같이 돈을 버는 방법을 배우는 것이 아니라 남과 어울리는 방법을 배우는 것이었다.

(4) 논어 학이편 11장
자왈부재 관기지 부몰 관기행 삼년무개어부지도 가위효의

(子曰父在 觀其志 父沒 觀其行 三年無改於父之道 可謂孝矣)
공자께서 말씀하셨다. 아버지 살아 실 제 그 뜻을 살피고, 돌아가셨을 때는 그 하신 일을 살핀다. 삼 년 동안 아버지의 도를 고침이 없으면 이를 효라 이를 만하다.

(5) 논어 태백 8장
자왈흥어시 입어예 성어악 (子曰興於詩 立於禮 成於樂)
시를 배웠으니 예를 알았고 음악을 이루었다.
시를 배우면, 사물의 감정을 알게 되고, 감정을 알게 되니 남의 사정도 알게 되고, 남의 사정을 알게 되니 남에게 해가 될 행위를 자제하니, 남과 함께 어울릴 수 있게 된다.

(6) 성경에서 말하는 효를 살펴본다.
엡6:2에 "네 아버지와 어머니를 공경하라 이것이 약속 있는 첫 계명이니 이는 네가 잘 되고 땅에서 장수하리라"했다.
에베소서 6:1-2 "자녀들아 너희 부모를 주 안에서 순종하라. 이것이 옳으니라. 네 아버지와 어머니를 공경하라. 이것이 약속 있는 첫 계명이니 이는 네가 잘 되고 땅에서 장수하리라"고 하였다. 부모를 잘 공경하는 사람이 복을 받고 불효자식은 무궁무진 고생이라는 말이 옛 부터 내려온다. 충신이나 위대한 인물은 다 효자의 가문에서 난다는 말로 전해 내려오고 있다. 그러므로 효도는 중요한 것이다.

(7) 불교경전 가운데에도 효의 정신은 확실하다.

불교를 심하는 경전으로『불승도리천위모설법경』,『불설대비도반니원경』,『불설정반왕열반경』,『불설보살섬자경』,『대방편불보은경』을 들 수가 있다.

특히『불설정반왕열반경』에서는 부처님의 부왕이신 정반왕께서 돌아가심에 따라 부처님께서는 내세의 사람들이 흉포하여 부모의 길러준 은혜를 갚지 아니할 것을 생각하시고 불효하는 이들을 위하여, 또 내세의 모든 중생을 위하여 예법을 세워야겠으므로 당신 스스로 부왕의 관을 메시려고 하였다.

불교 초기경전에서는『유행경』,『대반열반경』,『기세인본경』,『십상경』등 다수의 경전에서 효에 대하여 설명하고 있다. 불교에서 강조하는 효는 부모의 은혜에 감사하고 보답할 뿐만 아니라 그 부모가 불법승 삼보에 공양하고 나아가서는 성불을 이루게 하는 것이다. 불교에서는 이미 효 경전으로『효자경』,『부모은난보경』같은 경전이 있음에도 불구하고『부모은중경』을 만들었다.

(8) 효의 3가지 도리 (예기)
살아 계실 때에는 예에(순종) 따라 섬기고, 돌아 가셔서는(애통함) 장례를 치를 때에는 예에 따라 지내며, 제사를 지낼 때는(공경) 예에 따라 치른다.

6. 명륜(明倫)이란?

옛 학문을 수련하였던 전국에 산재한 234개의 고을마다 향교가 있었고, 그곳을 명륜이라는 지명을 붙이게 되었다. 과연 명륜이라는 말이 무슨 뜻인가? 바로 사람이 바르게 사는 방법을 배우는 곳이다.

명륜이라는 글 속에는 삼강오륜이라는 글이 숨어있다. 오륜(五倫)을 살펴보면 부자간에 친하고, 부부간에 사이가 있어야하고, 친구 간에 신의가 있어야하고, 어른과 아이의 차례가 있으며, 임금과 신하는 의로서 이어져야 허물이 없다고 할 것이다. 이것 역시 효가 기초가 되어 배우는 학문이다. 이글은 주자가 가르치는 백록동서원에 효시가 되어있다.

7. 효 박물관의 중요성

(1) 가정 : 선조에 대한 제사 장려. 화목한 가정 발굴 확대 시상. 장수노인 시상 장려. 효녀, 효자 발굴 시상하여 효의 극대화.

(2) 사회적인 기본인 효의 선도 : 현충원, 궁궐, 선대의 산소, 릉, 등 적극 견학으로 역사인식 장려.

(3) 인간의 존엄성 상승 : 장례의 격식장려, 분위기 상승. 자신도 언젠가는 세상을 떠나게 되며, 죽어 보기, 관에 들어가 보기, 자신

의 태어남은 누구에게 영향이 있었는지, 살아있는 동안 어찌 살 것이며, 자손에게는 어떠한 평가를 받을 것인가에 대한 추측과 함께 바른 자세를 갖게 되는 계기를 가지게 됨.

(4) 국가차원 : 현충원 공원화

(5) 역사현장 보존

(6) 역사현장 발굴

(7) 역사의 인물 발굴 : 문중 인물을 찾으면서 자신의 존재감 상승.

8. 현제 전국 효에 관련된 활동상황을 살펴본다

① 과천에서 효의 타이틀을 가지고, 문학적인 행사와 축제를 전개를 하고 있다.

② 안동에서 유교문화 박물관으로 여러 전시를 하고 있다.

③ 논산에서도 근래에 유교문화진흥원이 박물관과 아울러 효심을 일깨우고 있다.

④ 연평도에서는 효녀 심청을 부각시켰다.

⑤ 강원도 인제에서 규모는 작지만 신라 마지막 경순왕의 아들인 태자(다음의 왕. 세자)의 효심을 부각하며 실현에 힘쓰고 있다.

마의 태자(는 군사를 일으켜 신라를 복국 시키려다가 효심으로 아버지의 뜻을 거역하지 못하고 금강산에서 삼베옷을 입고 생을 마쳤다고 하여 후세가 지어준 이름이다. 그가 효심을 져버리고 군사를 일으켰다면 세상은 어찌 변하였을까를 생각하여 보자.

① 신라가 망(忘)했다고는 하나 통솔이 되지 않고 국민들이 따르지 않는다고 화백회의(국민 대표자_회의)를 거치고, 자신의 왕의 자리를 내려 놓고, 좋은 이웃 나라의 지도자에게 국민의 안위를 맡겼던 예가 세계 어느곳에 찾아보기 어렵다. 이로서 국민이 희생되지 아니하고 나라가 바뀌었던 사례는 없다.

② 경순왕이 고려에 선국하여 43년이라는 기간을 온전히 살을 수는 없었을 것이다.

③ 이에 따른 왕비는 물론 그를 따르던 관리들이 왕건과 함께 나라를 이끌었지만 그들 역시 태자의 반역이 없었기에 온전하였을 것이다.

④ 고려의 역사상 고려의 왕비가 선택 된 4차례에 걸처 경주김씨의 후손들에 대한 혜택(세금, 징병, 노비 복귀, 노역)들로 인하여 번창할 수 있는 바탕이 되었다.

⑤ 경주의 이러한 특혜로 인하여 고려시기부터 족보가 중요함을 부각시켰으며, 혈통이 중요함을 일으킨 동기가 되었을 것이다.

⑥ 고려의 왕씨가 조선의 이씨로 혁명으로 넘어가니, 왕씨의 후손들은 여러성을 바꾸는 사례가 있었다. 이를 본다면 마의태자의 효심이 아니었던들 김씨의 후손뿐 아니라 신라의 당시 고위직들이 무사히 살아갈 수가 있었을까?

이러한 사례를 들어 본다면 효심이 가득한 전설의 심청이야기보다 마의태자야 말로 실전의 인물로 부각 시켜야 할 것이라 주장하고 싶다.

9. 효 박물관 건립에 대한 추진방안

(1) 대지 : 문중의 토지의 헌납으로 문중에게 상권을 제공하여 일정의 수입을 유지 제공(의사표명을 한 문중 있음). 혹은 폐 초등학교 운용
(2) 자금 확보 : 정부 보조와 문중별 찬조와 문중사무실 확보. 재산가의 찬조장려. 개인 재산의 헌납 등
(3) 운영 : 지자체의 활성화. 종친회, 문중 활성화.

10. 효 박물관 운영 후에 미칠 영향

(1) 세계 유일의 효 박물관
(2) 국내외 관광객 유치, 지역발전.
(3) 다자녀 출산 유도.
(4) 가정의 평화 유도.
(5) 국가 위상 상승.
(6) 동방예의지국 강조. 범죄예방. 소통원활.

(7) 역사인식 상승. 사회 안정.

(8) 종합적으로 본다면 국가 부흥.

(9) 어린이의 체험 학습장 유도.

11. 효 박물관의 배치 종류

(1) 문중별 족보 등록 단일화 :전산화

(2) 뿌리 찾기 일원화 : 전산화

(3) 문중별 인사 찾아보기

(4) 예의 지도 일원화

(5) 가정의 중요성 유인

(6) 각 지방의 효자, 효부 사례 발굴 일원화. 및 시상

(7) 부모와 함께하는 체험프로그램

(8) 제사 실행의 일원화, 체험, 지방써보기. 축문써보기.
   축문 읽어보기.

(9) 유교경전 고전 배우기 : 일정한 교육 진행. 일일교육.

(10) 규모 배정 : 전시 50%. 체험30%. 문중 사무실 20%.

(11) 동물의 효 예시, 식물의 효 예시.

   (어린이 프로그램)

(12) 엄마. 아빠 존재 체험하기(홀로 서보기)

(13) 조부, 스승. 성인. 왕, 대통령 존재 필요성. 입장 바라보기.

(14) 역사의 존재 바라보기 체험.(100년, 1000년 뒤의 생활 체험)

(15) 죽음 체험하기. 입관.

(16) 유언 써보기(부. 모. 어린이)

(17) 노인들의 피할 수 없는 육체변화와 견주며 자신의 인생 계획표 그려보기, 노인 되어보기.

(18) 공부의 단계별 축소 체험하기

(19) 배운자와 못 배운자의 이정표로 찾아가기

(20) 외국에서 홀로 서보기

(21) 어른 되어보기

(22) 엄마 아빠. 조부모, 고조부모, 5678대 조부모 이름 써보기.

(23) 예절 체험(공수, 남녀 산사람에게, 조상에게, 신께, 왕께 절하여 보기) 등

편집 후기

『씨앗을 찾아서』

소설가 **허 여 경**

  누구나 세월이 지나면 나이 먹고 늙어갑니다. 우선 뒤늦게 공부하시는 선생님의 열정에 찬사를 드립니다.

  남은 삶이 얼마 남지 않았음을 감지하시고, 늦게나마 후세에게 용감하게 할 말을 글로써 표현하시고 후세를 살아가는 젊은 세대들이 노인의 형상을 조금이라도 이해하여 주었으면 하는 간절함이 다분하였습니다.

  현시대는 과학이 발달하여 모두 잘살고 있음을 지적합니다. 그러나 모두 행복하여야 함에도 행복 지수가 낮음에 대해 원인분석을 하였습니다.
  이는 서로 사랑하는 마음이 부족함을 지적하고, 사랑하는 마음을 가지려면 가까운 가족부터 사랑하여야 하고 그중에서 으뜸은 효도 정신이라고 하였습니다.
  그러므로 효도하려면 돌아가신 부모에게 제사를 들여야 하고 제사를 어찌 지내야 함을 상세하게 안내하였습니다. 또한 자녀에게는 제사 지내는 방법에 대해 구체적으로 제시하였습니다.

  어느 책에서도 찾아보기 힘든 신에 관한 이야기를 풀이하시고 신을 대하는 태도에 따라 자손에게 어떠한 영향이 일어나는가를 구체적으로 풀이하였습니다.

  그러므로 이 책은 짧지만, 체계적으로 신을 쉽게 이해하도록 적은 글이라 하겠습니다.

  필자는 어지러운 세상을 걱정하고 어찌하면 좋을까를 간절하게 글로써 호소하였으니 이 책이 널리 퍼져 좋은 사회로 돌아가는 시발점이 되기를 기대합니다.

씨앗을 찾아서

개정판인쇄 _ 2025년 09월 3일
개정판발행 _ 2025년 09월 9일

지은이　　_ 김학원
펴낸곳　　_ 다솜미디어
펴낸이　　_ 박미옥
주소　　　_ 서울·중구 충무로5길2, 502호
전화　　　_ 02-2269-9885
모바일　　_ 010-2749-2485
E-mail　 _ ample2485@naver.com
ISBN　　 _ 979-11-987082-8-1

값 13,000원

※ 저자와 협의하여 인지는 생략합니다.
※ 잘못된 책은 바꾸어 드립니다.